RELATOS DE HISTORIAS BÍBLICAS PARA LA FAMILIA

RELATOS DE HISTORIAS BÍBLICAS PARA LA FAMILIA

Todo lo que sucede en la Biblia

DR. WILLIAM H. MARTY

Relatos de Historias Bíblicas para la Familia Publicado por Monsgo® 2023
Una división de Vida Trading Company LLC

1218 Interstate Blvd.
Florence, SC 29501
Tel: 843-319-4718
www.monsgo.com
ISBN: 9781949206425

Diseño de cubierta por: Dan Pitts
Ilustraciones de cubierta e interiores por: Heath McPherson

Traducido por World Connect Lima SAC
Impreso en India

Contenido

1

Desde la Creación Hasta La Torre de Babel

GÉNESIS 1-11

¿QUIÉN ES QUIÉN?

- **Dios (el Señor)** –Dios crea el mundo y luego su pueblo va y lo arruina todo.
- **Adán y Eva** –la primera pareja creada, andan desnudos.
- **Satanás**– aparece y arruina toda la diversión.
- **Caín y Abel**– dos hermanos que introdujeron un nuevo significado a la "rivalidad entre hermanos".
- **Noé**– el que hizo el primer gran barco... para animales.

¿DÓNDE ESTAMOS?

- **Jardín del Edén**–el paraíso y todo lo que puedas comer de los árboles frutales (excepto uno).
- **Mesopotamia**–un país difícil de deletrear.

DATOS INTERESANTES EN ESTA SECCIÓN

» La primera boda. No se tiró arroz.

» El primer asesinato. Dios fue el único testigo de los hechos.

» El hombre más viejo de la Biblia. Matusalén, 969 años. Son muchas velas en un solo pastel.

» Se construye el primer barco. Era de largo como tres canchas de fútbol. Bastante bien para ser el primer barco construido.

» El primer arcoíris en el cielo.

» La semana de nuestro calendario se basa en los siete días de la creación

Todo comienza (GÉNESIS 1-2)

En el principio, Dios creó todo de la nada. Su Espíritu se movía sobre la creación, observando cada detalle de este enorme proyecto.

Dios construyó todo con una simple palabra. Él dijo "luz", y la luz apareció. Dijo "cielo" y el cielo apareció. Hizo lo mismo con la tierra, los mares, las plantas y los árboles, el sol, la luna y las estrellas, y luego con todas las aves, las criaturas marinas y los animales. Le gustó todo lo que hizo y lo llamó bueno.

Entonces Dios dijo: "Hagamos personas a nuestra imagen y semejanza y que gobiernen todo lo que hemos creado". Así que Dios hizo a un hombre y a una mujer y les dijo que fueran fructíferos y se multiplica-

ran por toda la tierra. Le gustaron mucho y los llamó "muy buenos".

Dios descansó después de todos esos seis días de creación, llamando al séptimo día un día de descanso, para que la gente pudiera tomar un descanso y recordar a Dios y todo lo que había hecho.

No somos Dios, pero nos parecemos a Él en cualidades como el amor, la inteligencia, la razón, la compasión, etc.

Volvamos al sexto día y veamos específicamente cómo ocurrió la creación de las personas. Dios hizo un hermoso jardín en un lugar llamado Edén. Tenía todos los árboles frutales que puedas imaginar. Dios tomó un poco de tierra, sopló vida en ella e hizo un hombre. Dios le dijo al hombre que comiera lo que quisiera en ese jardín, pero Dios puso una regla: "No comas del árbol del conocimiento del bien y el mal o morirás".

Entonces Dios miró al hombre que estaba solo y por primera vez dijo que algo "no era bueno". Dios dijo: "Debo hacerle una ayuda adecuada para él". Primero, le pidió al hombre que le pusiera nombre a todos los animales. Al hacerlo, el hombre se dio cuenta de que cada animal tenía una pareja, un macho y una hembra, y pequeñas crías. El hombre se dio cuenta de que le faltaba algo.

Entonces, Dios durmió al hombre y le hizo una cirugía, quitándole un trozo de su costado, y creó una mujer a partir de él. El hombre, Adán, la llamó Eva y dijo: "Esta mujer es mi hueso y mi carne". Dios los reunió, uniéndolos, como en una boda. En el futuro, un hombre y una mujer dejarán a sus padres y comenzarán una nueva familia y se convertirán en uno.

Todo se desmorona (GÉNESIS 3-4)

Satanás se presentó, disfrazado de serpiente y convenció a la mujer para que comiera de ese árbol del conocimiento del bien y del mal. Satanás tentó a Eva llamando a Dios mentiroso, haciéndole dudar de lo que Dios decía y de si realmente morirían si comían el fruto. Eva creyó en lo que dijo Satanás y desobedeció a Dios, probando ella misma el fruto delicioso y dándole a Adán un bocado. El sentimiento de culpa les invadió. Se dieron cuenta: "oh – oh, lo hemos arruinado". Ellos habían estado corriendo desnudos, pero ahora se sentían avergonzados y necesitaban cubrirse. Adán y Eva encontraron hojas de higuera y las cosieron para cubrir sus partes íntimas.

> **El nombre de Satanás no se menciona aquí, pero más adelante de la Biblia en Ezequiel y Apocalipsis, se le identifica como la serpiente ancestral que invadió el Jardín.**

Dios se presentó, queriendo ver a sus creaciones favoritas, y se preguntó dónde estaban todos. Adán y Eva se escondieron, asustados y avergonzados por haber desobedecido a Dios. Se culparon el uno al otro y a esa vieja serpiente astuta, Satanás. Dios tuvo que castigarlos por la desobediencia, haciéndoles la vida dura y dolorosa, que finalmente los llevó a la muerte. Fueron expulsados del Paraíso y se les dijo que la vida sería dura para ellos.

Adán y Eva tuvieron un par de hijos: Caín, que trabajaba con el ganado, y Abel, que plantaba cultivos.

Caín estaba celoso de la ofrenda de Abel para Dios, así que Caín mató a Abel. Dios vio lo que hizo Caín e hizo que se fuera. Así que Caín dejó su familia y comenzó un nuevo hogar en un lugar llamado Nod. Más tarde, Adán y Eva tuvieron otro hijo llamado Set, que los hizo muy felices.

Durante un largo periodo

de tiempo después de esto, la gente comenzó a tener más hijos, más familias. La gente vivió mucho tiempo, como Adán hasta los 930 años. Pero un hombre llamado Matusalén vivió aún más tiempo, 969 años. Aunque la gente vivía más tiempo que nosotros hoy en día, como consecuencia del pecado, todo el mundo murió finalmente. La población mundial crecía y se expandía, pero a medida que lo hacía, la gente se volvía mucho más mala y perversa.

ArcaVentura (GÉNESIS 6-9)

Noé era un hombre bueno. Dios lo amaba porque Noé caminaba fielmente con Dios. Pero Noé fue la última persona buena en la tierra. Las cosas estaban así de mal.

Había mujeres procedentes del linaje de Dios teniendo bebés con personas de un linaje que no lo era, quienes eran grandes, físicamente gigantes, como los luchadores profesionales (La Roca). Ellos estaban en busca de poder y de salirse con la suya. Dios vio la tendencia y necesitaba detenerla. Dios le dijo a Noé que iba a castigar a toda la tierra con un diluvio y eliminara todos para un reinicio total de la población. Le pidió a Noé que construyera un

enorme barco (arca) para albergar a su familia y dos de cada especie de animal.

Después de que Dios le diera a Noé las dimensiones del proyecto de construcción, él se puso a trabajar. Tenía tres pisos de altura y era tan larga como tres canchas de fútbol. Una vez terminado, Dios comenzó a llevar a los animales al arca.

Noé, su esposa y sus tres hijos, Sem, Cam y Jafet y sus esposas, subieron a bordo. Había ocho personas en el arca, además de un montón de animales.

Entonces cayó una lluvia horrible del cielo y el agua brotó de la tierra. Inmediatamente inundó la tierra, ahogando a todas las personas y animales que no estaban en el arca. Solo la familia de Noé y los animales sobrevivieron. Llovió, en total, durante cuarenta días y cuarenta noches. Noé y su familia tuvieron que esperar para salir del arca hasta que el agua se evaporó, dejando la tierra al descubierto.

Dios hizo una promesa a Noé, diciendo que nunca causaría otro diluvio para destruir el mundo. Puso un arco iris en el cielo como recordatorio de esa promesa.

Naciones y Torres (GÉNESIS 10-11)

Pasó mucho tiempo mientras más y más personas nacían. De ellos crecieron naciones y se poblaron grandes ciudades. Todos los habitantes de estas ciudades comenzaron a hablar entre sí, y a muchos de ellos se les ocurrió una idea. Decidieron construir una enorme torre que alcanzara los cielos para hacerse famosos. Ellos querían que esta ciudad reuniera a todos y se quedaran en un solo lugar en vez de salir a llenar la tierra, como Dios había ordenado.

Dios vio esto y se preocupó mucho. Se estaban volviendo malos como la gente antes del diluvio.

Dios suspiró y pensó: "Como todos hablan el mismo idioma, están comentando estas terribles ideas". Así que Dios confundió sus lenguas, deteniendo sus malvados planes. Como no podían entenderse, se separaron y se desplazaron por todo el mundo. Las lenguas del mundo comenzaron en ese momento.

Una familia provenía del hijo de Noé, Sen. Vivían en una zona llamada Mesopotamia, también conocida como Ur. Un hombre llamado Taré tuvo un hijo llamado Abram. Abram se casó con una hermosa mujer llamada Sarai, pero lamentablemente no pudieron tener hijos Dios estaba a punto de arreglarlo todo.

¿CUÁLES SON LAS IDEAS PRINCIPALES EN ESTE CAPÍTULO?

- Dios diseñó el mundo para que su creación favorita tuviera un lugar maravilloso donde vivir. Lamentablemente, la gente desobedeció a Dios una y otra vez.
- Dios debe castigar el pecado. No puede simplemente ignorarlo. Jesús vendrá a la tierra para corregir el mal que Satanás causó.
- Dios es muy paciente y siempre ayuda a las personas acercarse a Él.
- Por naturaleza la gente quiere pecar. Dios tiene que intervenir para evitar que nos destruyamos.

2

Los Descendientes de Abraham

GÉNESIS 12-50

¿QUIÉN ES QUIÉN?

- » **Abraham**—su nombre era Abram, pero Dios lo cambió a Abraham, que significa "padre de todas las naciones."
- » **Sara**—su nombre era Saraí, pero Dios lo cambió a Sara, que significa "madre de todas las naciones".
- » **Lot**—sobrino de Abraham y un poco problemático.
- » **Ismael**—un hijo nacido de Abram (antes de que él fuera Abraham) a través de una madre sustituta llamada Agar.
- » **Isaac**— ¡El hijo de Abraham y Sara que nació cuando tenían entre ochenta y noventa años!
- » **Esaú**—el hijo de Isaac y Rebeca, un gemelo, cuyo nombre significa " con mucho pelo".
- » **Jacob**— el hijo de Isaac y Rebeca, un gemelo, que técnicamente nació segundo, pero trabajó muy duro para convertirse en el primogénito.

» **José**– El hijo favorito de Jacob que se convirtió en vicepresidente de Egipto.

¿DÓNDE ESTAMOS?

» **Jardín del Edén**—el paraíso y todo lo que puedas comer de los árboles frutales (excepto uno).

» **Mesopotamia**—un país difícil de deletrear.

DATOS INTERESANTES EN ESTA SECCIÓN

» Ur es solo uno de los dos lugares bíblicos que tienen dos letras en sus nombres. El otro es Hai.

» El nombre de Isaac significa "risa".

» Los doce hijos nacidos de Isaac se conocerán más tarde como las doce tribus de Israel.

» A Judá se le llama león. Jesús vino de la línea de Judá. Aslan del libro llamado "El león, la bruja y el armario" representa a Jesús, ese león.

Abraham, el hombre honesto (GÉNESIS 12-18)

Dios llamó a Abram y le dijo: "reúne a tu familia y ve al lugar que te voy a mostrar". Entonces Dios le dijo algo que cambió todo el curso de la historia. Él dijo: "Voy a hacer de ti una gran nación y te bendeciré. Haré tu nombre grande y bendecirás a otros. Bendeciré a los que te bendigan y maldeciré a los que te maldigan. "Todo ser alguna vez nacido será bendecido a través de ti ". Guau.

> **Muchos creyeron que Jesús sería la bendición que vendría a todas las naciones, como le dijo Dios a Abram.**

Abram escuchó esto y se mudó, sin ninguna otra instrucción, de un lugar llamado Ur a otro llamado Canaán, que hoy conocemos como Israel. A Abram le fue bien allí, sus rebaños crecieron. Dios le dijo que les daría toda esta tierra a los hijos de Abram. Abram se preguntó, *¿hijos? Está bien . . . pero si tengo noventa y tantos.*

Una hambruna golpeó la tierra, por ello, Abram, Sarai, y Lot fueron a Egipto. El líder de Egipto, el faraón, vio lo hermosa que era Sarai y la quiso para él. Abram, temiendo que los egipcios lo mataran para llevársela, mintió y dijo: "Ella es mi hermana". Cuando el faraón se la llevó, una plaga golpeó a su casa. El faraón se dio cuenta de que la mentira de Abram estaba detrás de la plaga y los echó.

Abram se hizo muy rico (recuerda que Dios dijo que lo bendeciría). Los rebaños y las tiendas de campaña de Lot también crecieron, y la tierra no podía sostener dos negocios. Entonces Lot decidió ir a la tierra al este del río Jordán (hoy llamada Jordán), y Abram tomó la tierra al oeste (hoy Israel).

Un grupo de reyes de la zona decidió luchar y dos ciudades, Sodoma y Gomorra, fueron atacadas. Lot, y todo lo que tenía, fueron tomados cautivos. Abram reunió un pequeño ejército de 318 hombres para rescatar a Lot. Ellos se convirtieron en héroes.

Melquisedec también le llevo vino y pan a Abram, similar al vino y al pan que Jesús usó en su Última Cena.

Un rey de Salem (una ciudad, más tarde conocida como Jerusalén) llamado Melquisedec salió y bendijo a Abram.

Él también era sacerdote, por lo que Abram le dio una ofrenda (o diezmo) del 10 por ciento de sus posesiones.

Una vez más, Dios apareció para recordarle a Abram su promesa de crear una gran nación con todos los hijos que Abram tendrá.

Abram dijo, "Pero tengo noventas y tantos años y aún no tengo hijos". Dios le dijo que saliera y mirara todas las estrellasen el cielo. "Esa es la cantidad de descendientes que tendrás".

Abram miró el cielo y vio todas las estrellas. Él creyó y confió en Dios. En ese momento, Abram estaba bien con Dios.

Pero Abram no era perfecto, y Sarai, harta de esperar tanto tiempo para ser mamá, le dijo a Abram que use a una sirvienta llamada Agar como una madre sustituta para tener a su bebé, y luego dárselo a Sarai.

Abram hizo lo que Sarai le pidió, pero Sarai trató mal a Agar (ella obviamente estaba celosa), y Agar escapó. Dios la encontró y la consoló diciéndole que regresara a casa. Dios predijo que ese niño, llamado Ismael, sería un hombre salvaje y hostil con todos.

Abram, ahora de noventa y nueve años, escuchó de nuevo de Dios. Dios cambió su nombre a Abraham, que significa "padre de todas las naciones". Él cambió el nombre de Sarai a *Sara*, llamándola la "madre de todas las naciones". Este era un título extraño ya que ella tenía más de ochenta años y aún no había tenido un hijo. Así que ella se rió de la idea.

Dios dijo: "Ya que te reíste, lo llamarás Isaac, que significa risa".

Parcialmente nublado con probabilidad de azufre (GÉNESIS 19-20)

Luego, tres visitantes celestiales se aparecieron en las tiendas de Abraham. Abraham le dijo a Sara que les prepare algo para comer. Mientras ellos hablaban, uno de los ángeles mencionó que pasaría en un año paraver al hijo de Abraham (que aún no estaba en el vientre de Sara). A un lado, Sara se rió . . .de nuevo. Ella trató de negar que se reía, pero se rió. Los tres hombres miraron mal a Sodoma y Gomorra, diciendo que el Señor ha escuchado el clamor de estas ciudades, y es hora de acabar con ellas. Abraham suplicó a Dios para que perdonara a las ciudades, preguntándose si cincuenta personas justas serían suficientes para detener la destrucción. Dios sabía que no había cincuenta personas buenas allí. Abraham probó con otro número—cuarenta y cinco—luego cuarenta, treinta y cinco, treinta, hasta llegara diez. Dios dijo, "Si puedes encontrar diez personas buenas, no destruiré la cuidad".

Dos de los ángeles entraron a Sodoma. La gente del pueblo los trató mal, amenazándolos y burlándose de ellos. Ellos fueron a la casa de Lot y lo sacaron a él, su esposa, ysus dos hijas. Luego cayó una granizada de fuego del cielo, destruyendo la ciudad y arrasando con todo el pueblo. Uno de los ángeles le dijo a Lot y a su familia que no miraran hacia atr ás, pero la esposa de Lot lo hizo, y ella inmediatamente se convirtió en una columna de sal. Ella debió haber escuchado.

Lot y sus hijas sobrevivieron, escondidos en una cueva. Abraham llevó a su esposa, Sara, a un lugar llamado Gerar y dijo eso de "ella es mi hermana" ya que era muy bonita (¡incluso ahora teniendo noventa y tantos!). El rey tomó a Sara, pero Dios habló con él en un sueño y le dijo, "¡No la toques!". El devolvió a Sara y le dio a Abraham a mucho ganado y ovejas, además de una bolsa de plata. Todo salió bien para Abraham.

Papá a los cien años (GÉNESIS 21-23)

Finalmente, Sara quedó embarazada y dio a luz a un niño al que llamaron Isaac.

Abraham tenía cien años. Esta vez, Sara rió en verdad, pero esta vez con gozo.

Sara se dio cuenta que Agar e Ismael se burlaban de Isaac y quiso que la echaran. Abraham estaba disgustado con la orden— Ismael era hijo legítimo de Abraham, después de todo. Pero Dios le prometió que los cuidaría. Abraham se los llevó mientras Dios prometía que haría de Ismael una nación poderosa.

Luego vino una gran prueba. Dios se presentó ante Abraham y le dijo que sacrifique a su hijo como holocausto en el monte de Moria.

Abraham confió en Dios e hizo obedientemente lo que le pidió. Él llegó al monte y subió con su hijo, quien cargaba la madera y la cuerda.

Isaac miró a su alrededor y se preguntó, "¿Dónde está la ofrenda a sacrificar?" Abraham respondió, "Dios proveerá." Abraham colocó a

Isaac sobre la madera, lo ató, y levantó el cuchillo—confiando en Dios hasta el final—hasta que un ángel lo detuvo y le dijo, "Has pasado la prueba. Le temes a Dios y no negaste a tu hijo". Dios, en ese momento, entregó un carnero, cuyos cuernos quedaron atrapados en el matorral. El carnero fue el sustituto de Isaac y murió en su lugar.

Dos mil años después, Dios enviaría a su propio hijo a la misma montaña, muriendo por nuestros pecados. No como un carnero, si no como el cordero de Dios.

Sara vivió por más de treinta años, luego murió. Abraham compró propiedades a los Hititas y la enterró en una cueva llamada Macpela. Abraham se casó con otra mujer llamada Cetura y él tuvo muchos hijos con ella.

El ascenso de Isaac (GÉNESIS 24-25:18)

Isaac era un hombre adulto y estaba listo para casarse, pero Abraham quería que él consiguiera una esposa que descendiera de sus antepasados. Abraham le ordenó a un sirviente que regresara a la tierra de donde vinieron— Mesopotamia—y encontrara una esposa para su hijo. El sirviente llegó a un pozo y oró: "Señor, ayúdame a encontrar una esposa para el hijo de mi amo".

Mientras oraba, una mujer se acercó al pozo, y ella era realmente hermosa. Su nombre era Rebeca. El sirviente le contó la historia y ella se asombró. Rebeca llevó el sirviente a su familia y les contó la historia. Todos estaban impresionados, incluso el hermano de Rebeca, Labán. Esto tenía que ser obra de Dios.

El sirviente retornó a Isaac con Rebeca y fue amor a primera vista. Ellos se casaron cuando él tenía cuarenta años, y estaban completamente enamorados.

Poco después, Abraham, feliz de ver a su hijo casado murió y dejó todo lo que tenía a Isaac. Abraham tenía 175 años. Isaac e Ismael lo enterraron en Macpela, donde Sara fue enterrada previamente. Ismael vivió un poco más, hasta los 137 años. Sus descendientes se trasladaron a Egipto.

Jacob el tramposo (GÉNESIS 25:19–27:46)

Veinte años después de su boda, Rebeca no pudo tener un hijo hasta que Isaac oró por ella. Ella quedó embarazada de gemelos. Los bebés lucharon dentro de su útero. Rebeca se preguntó qué estaba pasando. Dios le dijo que había dos naciones dentro de ella, una sería más fuerte que la otra, y que el mayor serviría al menor— lo cual era extraño, porque el más joven siempre sirve al mayor.

Los dos bebes compitieron incluso al nacer. El primero salió rojo y con mucho pelo. Lo llamaron Esaú (que significa "peludo"). Al salir, el Segundo se aferró al talón de Esaú, tratando de cruzar la línea de meta al mismo tiempo. Lo llamaron Jacob, que significa "agarrador de talones".

Esaú creció amando la caza. A Isaac le agradaba. Jacob era el niño de mamá, y pasaba más tiempo en la cocina, por lo que a Rebeca le gustaba más.

Un día, Jacob hizo un guiso, y Esaú llegó de un largo viaje de caza, hambriento y listo para comer. Él olió el guiso y dijo: "¡Dame un poco de eso!".

Jacob, quien aún deseaba ser el primogénito, dijo, "Véndeme tu derecho de nacimiento. Quiero ser el primero."

Esaú levantó las manos. "Está bien, tómalo. De que me sirve ser el primogénito si me muero de hambre". Esaú le dio a Jacob su puesto y comió el guiso de lentejas.

Otra hambruna golpeó al pueblo, igual que lo hizo con Abraham. Dios le dijo a Isaac que fuera a Gerar, donde gobernaba Abimelec, el rey de los filisteos. Cuando los hombres del pueblo vieron la belleza de Rebeca, preguntaron por ella. Isaac hizo el mismo truco de Abraham y dijo: "Ella es mi hermana". Cuando Abimelec vio a Isaac y Rebeca besándose, llamó a Isaac y le dijo: "¿Por qué dijiste eso? ¡Uno de nuestros hombres podría haberla besado y traído grandes problemas a nuestra tierra!"

Abimelec les dijo a todos que no dañaran a esa familia, e Isaac plantó cultivos. Dios bendijo a Isaac.

Mientras tanto, Esaú también se casó a los cuarenta años, pero se casó con una enemiga de la familia. Esto generó un gran dolor para Isaac y Rebeca.

No obstante, en su lecho de muerte, Isaac se acercó a Esaú y le pidió esa sabrosa comida que Esaú siempre cazaba y preparaba. Esta podría ser su última comida. Esaú salió a cazar, pero Rebeca maquinó un plan para que Jacob obtenga la bendición. Ella le dijo a Jacob que consiguiera un par de cabras y que ella haría la comida favorita de Isaac. Ella quería que Jacob fingiera que será Esaú.

Jacob sabía que su padre notaría la diferencia entre los dos hijos incluso si se estaba quedando ciego. Esaú era velludo y tenía cierto olor. No hay problema, dijo Rebeca: "Toma esa piel de cabra y póntela en tus brazos luego ve y ponte la ropa de Esaú para que huelas como él".

Rebeca hizo el plato favorito de Isaac y Jacob lo sirvió con la ropa de Esaú y la piel de cabra en sus brazos. A Isaac le encantó la comida, pero empezó a sospechar. "Suenas como Jacob, pero tienes vello y hueles como Esaú". Isaac convencido, lo bendijo.

"Que Dios te bendiga con bendiciones celestiales y terrenales. Que las naciones te sirvan. Que los que te maldigan, sean malditos". Una bendición como esa le dio a Jacob la propiedad total de la familia, cumpliendo la promesa de Dios de que el menor sería el jefe del mayor.

Esaú llegó a casa y se dio cuenta de que Jacob los había engañado. Era demasiado tarde. Las palabras de Isaac no se podían retractar. Esaú suplicó una bendición, pero Isaac solo pudo decir: "Vivirás de la espada y servirás a Jacob". Esaú estaba furioso y planeaba matar a Jacob, entonces Jacob se escapó a la casa de Labán, el hermano de Rebeca, y quizá podría encontrar una esposa allí.

La familia disfuncional de Jacob (GÉNESIS 28-36)

Durante su viaje, Jacob se detuvo a pasar la noche en Betel, puso una piedra como su almohada, y tuvo un sueño sobre una enorme escalera desde la tierra hasta el cielo. Los ángeles subían y bajaban las escaleras.

Dios le habló a Jacob y le dijo: "Soy el Dios de tu abuelo y de tu padre. Un día, te daré esta tierra y se llenará de tus descendientes. Volverás aquí". Jacob se despertó y llamó a ese lugar maravilloso. Él prometió regresar.

Jacob viajó a Padán Aram y conoció a una hermosa mujer llamada Raquel. Él descubrió que era la hija de Labán. Ellos se besaron y fueron a pedirle a Labán que los casen. Labán quería que Jacob trabajara por su hija. Jacob accedió a trabajar durante siete años. Cuando el tiempo se cumplió, Jacob dijo: "¡Es hora de la boda!"

Pero Labán tenía otra hija, Lea, quien no pudo encontrar a nadie con quien casarse. Ella era la hija mayor, que, como era costumbre, solía casarse primero. Labán le había prometido a su hija en matrimonio, pero engañó a Jacob para que se casara con Lea y no con Raquel.

Enfadado, Jacob se enfrentó a Labán. "¡Me diste la hija equivocada!" Labán lo hizo apropósito, quería casar a Lea, pero le prometió a Jacob darle a Raquel, si él trabajaba otros siete años. Jacob estuvo de acuerdo. El estafador había sido engañado.

Lea dio a luz a cuatro niños seguidos—Rubén, Simeón, Leví, y Judá. Luego ella dejó de tener hijos y no pudo tener más, por lo que la sirvienta de Raquel, Bilhá, hizo de madre sustituta y dio a luz a Dan y Naftalí, a quienes Raquel reclamó como suyas. Lea hizo lo mismo que Raquel y le dio a Jacob a su sirvienta, Zilpá, y Zilpá dio a luz a dos hijos más—Gad and Aser.

De repente, Lea pudo volver a tener hijos y dio a luz a Isacar, Zabulón, y su primera hija, Dina. Dios se acordó de Raquel y le permitió dar a luz a su propio bebé—José.

Jacob se convirtió en un maestro criador de cabras, haciendo crecer su rebaño rápidamente. Tuvo mucho éxito, tanto que ya no necesitaba a Labán. Jacob reco-

gió a todas las mujeres y niños y se fueron. Labán trató de detenerlo, pero no sirvió de nada.

Jacob le envió un mensaje a Esaú, esperando que pudieran volver a ser hermanos. Esaú marchó hacia Jacob con cuatrocientos hombres—¡un ejército! Jacob dividió a todos, esperando un ataque.

Jacob llamó al lugar Peniel, "Rostro de Dios", porque el vió cara a cara a Dios ahí.

Una noche, Jacob se sentó solo junto al fuego cuando apareció un hombre. Ellos lucharon toda la noche. El hombre no pudo vencer a Jacob, así que tocó la cadera de Jacob, paralizándolo. Este hombre era Dios en forma humana.

El Señor preguntó: "Cuál es tu nombre?",

"Jacob", él respondió.

"Bueno, ya no. Tu nombre es Israel porque tu luchaste con Dios y sobreviviste." Debido a esa pelea, Jacob caminaba cojeando.

Jacob miró hacia arriba y vio que Esaú y su ejército se acercaban. Mientras Jacob se preparaba para la batalla, Esaú corrió hacia Jacob y lo abrazó, muy feliz de verlo y de conocer a toda su familia. Eso fue inesperado. Ellos hablaron y conocieron a sus esposas, luego se fueron por caminos distintos. El linaje familiar de Esaú tuvo muchos descendientes que luego se convirtieron en los enemigos más temidos de Israel.

Belén significa "Casa de pan". Jesús, nació en Belén y se llamaría asimismo "el pan de vida"

Más tarde, Dios se le apareció a Jacob y le confirmó su nuevo nombre y la nación que vendría de él. Con todos esos hijos muchas generaciones descenderían de ellos. Raquel agregó un hijo más a la colección—Benjamín. Sin embargo, su nacimiento afectó a Raquel y ella murió. Jacob la enterró en Belén (que se convertiría en una pequeña ciudad muy importante más adelante).

Isaac también murió, a la edad de 178 años, y Esaú y Jacob lo enterraron.

Hola, José (GÉNESIS 37-39)

De todos sus hijos, Jacob era el que más quería a José. José siempre delata a sus hermanos, le contaba a Jacob lo que hacíany decían. Jacob demostró su amo a José haciéndoles una maravillosa túnica multicolor. Eso hizo que los hermanos lo odiaran aún mas

José tenia sueños extravagantes, y se los contaba a todos y lo que significaban.

"Tuve un sueño en el que era un atado de gavillas, y cuando me levantaba, todos se inclinaban ante mí. Tuve otro sueño en el que el sol, la luna y las once estrellas se inclinaban ante mí".

Sus hermanos se enfurecieron. "¡¿Crees que todos vamos a inclinarnos ante ti?! De ninguna manera".

Un día, cuando José bajó a ver qué hacían sus hermanos, lo vieron venir y decidieron matarlo, diciéndole a su padre que un animal feroz se lo había comido. Rubén los detuvo y les dijo: "No le quitemos la vida al pobre chico".

Los hermanos no mataron a José. Solo lo atacaron, le quitaron la túnica y lo arrojaron a una cisterna vacía subterránea. Pasó una caravana de comerciantes y los hermanos les vendieron a José. Luego mataron una cabra y echaron su sangre sobre la túnica multicolor de José y se la mostraron a su padre, contándole una historia sobre un animal salvaje que atacó y mató a José. Jacob se lamentó profundamente, orando durante días.

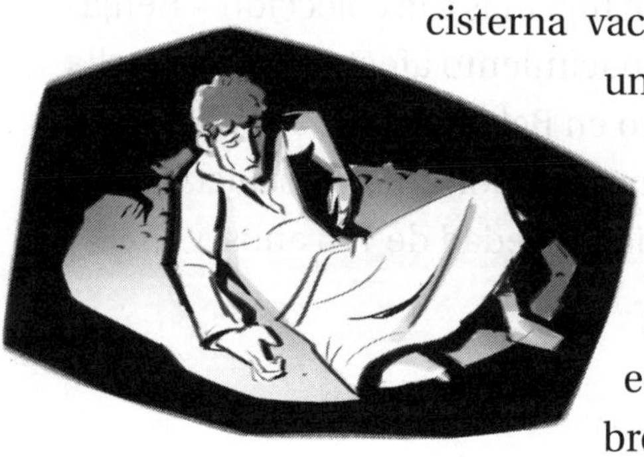

Mientras tanto, los traficantes de esclavos llevaron

a José a Egipto y lo vendieron a uno de los funcionarios del faraón, un capitán de la guardia que se llamaba Potifar. Potifar podía sentir la bendición en su casa desde que José se unió al personal. Le dio a José más y más responsabilidad hasta que casi todo estaba bajo el mando de José.

José era muy guapo y con un buen físico. La mujer de Potifar se fijó en él y lo deseó mucho. Una vez, ella lo agarró e intentó besarlo, pero José le dijo: "No, tu marido me confía todo, incluso a ti. No puedo pecar contra él ni contra Dios". Él huyó, pero dejó su manto en la mano de ella.

Ofendida, la mujer de Potifar se vengó de José y le contó a su marido que había intentado aprovecharse de ella. Potifar metió a José en la cárcel. Pero Dios estaba con José en la cárcel. El guardián de la cárcel vio que las cosas empezaban a ir mejor desde que José apareció, y le dio a José más responsabilidades hasta que casi dirigía la prisión.

El soñador (GÉNESIS 40-41)

Otros dos estaban también en prisión, ambos antiguos empleados del Faraón. Uno era un copero (un hombre que probaba las bebidas del Faraón para asegurarse de que no estén envenenadas), y el otro un panadero. Ambos tuvieron un sueño la misma noche, y ninguno de ellos tenían sentido. José les dijo que le contaran sus sueños, ya que él tenía sueños todo el tiempo y tenían sentido para él.

En el sueño del copero había una vid con tres ramas que se convertían en uvas. José dijo que en tres días sería liberado y enviado a trabajar. El sueño del panadero incluía tres cestas de pan, y los pájaros se las comían de una cesta sobre su cabeza. José dijo que en tres días el Faraón lo mataría.

En tres días, el faraón celebró su cumpleaños, liberando al copero y matando al panadero, tal como dijo José.

Dos años después, el faraón tuvo dos sueños extraños. Vio siete vacas, sanas y gordas, pastando en la hierba, mientras que otras siete vacas, flacas y feas, salían del Nilo y se comían a las siete vacas sanas. En su otro sueño, vio siete espigas de trigo, grandes y hermosas que fueron tragadas por siete espigas de trigo flacas y quemadas.

El faraón pidió a gritos que alguien les diera sentido a esos sueños. El copero recordó: "Había un hombre en la cárcel llamado José. Él interpreta los sueños".

Llevaron a José ante el faraón. El faraón le pidió a José que le contara lo que significaban los sueños.

José le dijo: "Yo no puedo contarte lo que significa,

pero Dios sí". José dijo: "Las siete vacas sanas y las siete espigas buenas de trigo representan siete años de cosechas abundantes. Las siete vacas enfermas y las siete espigas de trigo feas representan siete años de hambruna siguientes a los siete años buenos. Tienes que acumular un excedente de grano durante los siete años buenos para prepararte para los siete años malos".

El faraón comprendió y puso a José a cargo de todo, elevándolo de prisionero a segundo en el mando. A los treinta años, José se casó y tuvo dos hijos, Manasés y Efrain. Dirigió Egipto durante los buenos tiempos, y almacenaron toneladas de grano para prepararse para los malos. Cuando llegaron los malos tiempos, estaban preparados.

Conoce a los hijos de Israel (GÉNESIS 42-50)

Mientras tanto, el padre y los hermanos de José sufrieron durante la hambruna. Oyeron que Egipto tenía toneladas de comida. Jacob se lo conto a diez de sus hijos (no a Benjamín) para que fueran a Egipto a comprar grano. Ellos llegaron a Egipto y los hermanos se inclinaron ante José a quien no lo reconocieron (tal como el sueño de José no lo harían).

> Muchas veces en Génesis, la gente fue a Egipto en busca de ayuda y protección. José, María y Jesús también irán a Egipto a esconderse mientras Herodes busca a los recién nacidos para matarlos.

José los reconoció y los lla-

mó espías. Les exigió que le contaran la verdad. Le contaron todo sobre su familia, incluido su hermano menor, Benjamín. "Entonces ve por él", dijo José, pero uno de ustedes debe quedarse aquí en la cárcel". Los hermanos hablaban entre ellos. "Ves, todas estas cosas malas están sucediendo por lo que le hicimos a José". José los escuchó, conteniendo las lágrimas. Simeón fue elegido para permanecer en prisión.

José hizo cargar sus burros con grano, pero también devolvió la plata que le dieron como pago.

De camino a casa, los hermanos encontraron la plata y gritaron: "¡Qué está haciendo Dios con nosotros!".

Llegaron a casa de su padre y se lo contaron. Él les gritó a sus hijos, diciendo: "¡Primero José, luego Simeón, y ahora quieren alejar a Benjamín! ¡De ninguna manera! ¡No pueden llevarse a mi hijo menor!"

Con el tiempo, se comieron todo el grano que recibieron de Egipto y tuvieron que regresar. Recordaron lo que dijo el funcionario egipcio. Cuando regresaron, tuvieron que llevar a Benjamín. A Jacob no le gustó, pero Judá prometió que traerían a Benjamín sano y salvo.

José los saludó y se enteró de que su padre, Jacob, seguía vivo y sano. Vio a su hermano menor, Benjamín, y tuvo ganas de llorar. José se escabulló y ocultó sus lágrimas. Luego les preparó la cena, y Benjamín recibió cinco veces más comida que los demás.

Mientras los hermanos se alistaban para irse, José hizo que un sirviente guardara su copa de plata favorita en la bolsa de Benjamín. Durante el viaje de vuelta, el criado de José salió a caballo y los detuvo, diciendo que una copa de plata, la favorita de su amo, se había extraviado. Al encontrarla en la bolsa de Benjamín, lo arrestaron y lo llevaron de regreso a Egipto.

Los hermanos se asustaron y rogaron por el retorno de Benjamín. "Matará a nuestro padre si no volvemos con él". José no pudo aguantar más. Gritó a sus hermanos: "¡Yo soy José!" Ellos no podían creerlo. Al acercarse, se dieron cuenta de que estaba diciendo la verdad.

José explicó lo sucedido, dando todo el crédito a Dios. Se abrazaron y lloraron como bebés. José les dio un montón de dinero y provisiones para que volvieran a casa y buscaran a su padre, exigiéndoles que lo llevaran a Egipto, donde José cuidaría de ellos.

Jacob escuchó las noticias y alabó a Dios. Dios se le

presentó a Jacob en un sueño y le dijo: "No tengas miedo de ira Egipto. Un día traeré a tu pueblo de vuelta". Reunieron a todas las familias, sesenta y seis personas en total, y se trasladaron a Egipto, a una zona conocida como Gosén.

Jacob y José se vieron, se abrazaron y lloraron. José les dijo que dijeran que eran pastores y que los egipcios los dejarían en paz. Los egipcios situaban a los pastores en lo más bajo de la escala social.

A medida que la hambruna crecía en toda la región, muchas naciones acudían a Egipto en busca de grano, tal y como José lo había planeado. Esto hizo a Egipto muy rico. El plan que Dios llevó a cabo a través de José salvó muchas vidas.

Jacob vivió en Egipto durante diecisiete años más, y luego se puso muy enfermo. Pidió, antes de morir, no ser enterrado en Egipto sino con sus ancestros en la cueva de Abraham en Macpela. José aceptó.

José llevó a sus hijos, Efraín y Manasés, a Jacob para que los bendijera. Lo hizo, incorporandolos técnicamente a la familia. Entonces Jacob bendijo a todos sus hijos. A algunos les dijo cosas buenas. Y a otros, no tan buenas.

La mejor bendición fue para Judá. Una profecía. Lo llamó cachorro de león que sostendrá un cetro, como un rey. Luego Jacob habló de un burro y un pollino de túnicas de sangre.

Jacob terminó su bendición y murió a la edad de

147 años. José y todo Egipto lloraron su muerte. José y todos sus hermanos obtuvieron el permiso del faraón para ir a Macpela y enterrar a Jacob. Luego, todos regresaron a Egipto.

Una vez de regreso, los hermanos se pusieron nerviosos ahora que Jacob se había ido. Temían que José se vengara de ellos por el asunto de la túnica.

José los escuchó y les dijo: "No se preocupen. Ustedes querían hacerme daño, pero Dios quiso que el bien saliera de ello, salvando muchas vidas en el camino".

Dos mil años después Jesús vendría del linaje de Judá, montado en un burro a Jerusalén para ser crucificado y su túnica cubierta de sangre.

Más tarde, cuando José estaba cerca de su muerte. Pidió que cuando se fueran un día, llevaran sus huesos en un ataúd de vuelta a casa. José murió a la edad de 110 años. Pasó mucho tiempo, cuatrocientos años, hasta que la historia se retomara, esta vez con Moisés.

¿CUÁLES SON LAS IDEAS PRINCIPALES EN ESTE CAPÍTULO?

- Abraham mostró mucha fe, confiando en que Dios obraría a través de él.
- Jacob llamó a Judá león y rey. La frase "León de Judá" y "Rey de reyes" proviene de esa descripción. Incluso al comienzo de Génesis, Dios estaba preparando el mundo para Jesús.
- El nombre Israel significa "Dios se esfuerza". El cambio de nombre implica que Dios ahora lucharía por Israel y sus descendientes. El cambio de nombre se ajusta a la transformación radical de Jacob.
- Cuando suceden cosas malas, puede dar lugar a algo bueno, aunque durante décadas no parezca salir nada bueno de ello.

3

Moisés y el Éxodo

ÉXODO 1-15

¿QUIÉN ES QUIÉN?

» **Moisés**—el menor de tres hijos.

» **Aarón**—el hermano mayor.

» **Miriam**—la hermana del medio.

» **La hija del Faraón**—adopta un bebé encontrado en un río.

» **Mamá de Moisés**—dejó a uno de sus hijos en el Nilo.

» **Faraón—no le digas...**, pero no es Dios.

» **Reuel/Jetro**—suegro de Moisés.

» **Séfora**—Esposa de Moisés.

» **Gersón**—Hijo primogénito de Moisés.

¿DÓNDE ESTAMOS?

» **Egipto**—donde dejamos a José y a la familia de Jacob hace cuatrocientos años, pastoreando ovejas en una región llamada Goshen, cerca del río Nilo.

DATOS INTERESANTES EN ESTA SECCIÓN

- » El río Nilo va de sur a norte; todos los demás ríos del hemisferio norte van de norte a sur.
- » "Éxodo" significa una salida o partida masiva.
- » Cada una de las plagas mostraba un aspecto diferente del poder de Dios sobre los dioses que los egipcios adoraban, incluyendo el agua, los anfibios, los insectos, los mamíferos, las precipitaciones, las bacterias, el sol, y finalmente la vida o la muerte.
- » El nombre del Mar Rojo es en realidad "Mar de los juncos".

De mal en peor (ÉXODO 1)

La última vez que dejamos a los israelitas (la familia de Jacob obtuvo un nuevo nombre Israel), vivían en Egipto bajo la protección del Faraón debido al plan de José que salvó a la nación durante una grave hambruna. Todo el mundo quería a José y a su familia.

Con el tiempo, como cuatrocientos años, nuevos faraones subieron al poder, y olvidaron todo lo bueno de José y los israelitas. De hecho, los israelitas fueron visto como forasteros que se estaban convirtiendo en una amenaza debido a su creciente población.

Egipto decidió convertir a los israelitas en sus esclavos; los capataces los hacían trabajar con dureza y sin piedad. Entonces al rey de Egipto se le ocurrió otra idea. Les dijo a las enfermeras hebreas que ayudaban en los partos que mataran a todos los recién nacidos varones.

Estas mujeres, también conocidas como parteras, se negaron, diciéndole al Faraón que las mujeres hebreas daban a luz antes de que llegaran, y desde luego ¡no querían que mataran a los bebés ya nacidos!

Lo hizo, y estableció la norma de lanzar al Nilo a todos los bebés varones vivos. (Las niñas podían vivir).

Barco de Mo-Mo-Moisés, lentamente por la corriente (ÉXODO 2-3)

Un hombre levita se casó con una mujer levita y tuvieron un hijo. Pero con todas las reglas que puso el Faraón, mamá escondió al bebé durante tres meses, luego lo puso en una cesta y lo hizo flotar por el Nilo.La hija del Faraón estaba descansando en las orillas del río cuando vio pasar la cesta. Cuando miró dentro, pensó que el Nilo le enviaba un regalo, así que sacó al bebé y lo llamó Moisés, que significa "sacado del agua". La hermana de Moisés, Miriam, vio lo su-

cedido y dijo a la hija del Faraón que contratara a una mujer hebrea que conocía para que cuidara del bebé. Adivina qué: ¡esa mujer hebrea era la madre de Moisés!

Moisés vivió entre la realeza egipcia y la pobreza hebrea durante cuarenta años. Un día vio a un egipcio golpeando a un hebreo. Moisés intervino y mató al egipcio. Cuando se corrió la voz de lo que había hecho, Moisés huyó y se escondió en un lugar llamado Madián, en las montañas.

Moisés, creyéndose siempre el superhéroe, protegió a siete hermanas que estaban siendo acosadas por un grupo de pastores alrededor de un pozo. Las mujeres lo llevaron a casa de su padre, Reuel (también conocido como Jetro), y este le dio a Moisés, Séfora, una de sus hijas, en matrimonio. Moisés se dedicó al pastoreo durante los siguientes cuarenta años. Tuvo su primer hijo llamado Gersón.

Mientras tanto, en Egipto, los israelitas clamaban a Dios para que los ayude debido a todo el trabajo de esclavos que les obligaban a realizar. Dios escuchó su clamor y comenzó a elaborar un plan.

La zarza que habla (ÉXODO 4)

Moisés cuidaba sus rebaños en un monte llamado Horeb cuando una zarza se incendió y una voz le habló.

"Moisés, Moisés, yo soy el Dios de Abraham, Isaac y Jacob. Veo la miseria de mi pueblo en Egipto. Estoy aquí para salvarlos. Los sacaré de Egipto y los enviaré a un hermoso lugar al norte de aquí. Y tú serás quien los guíe".

Todo le pareció bien a Moisés, hasta esa última parte. "¿Yo? ¿Quién soy yo? ¿Y quién eres tú?".

"Mi nombre es Yo soy. El Señor. El Dios de tus padres. Ahora, ve y diles a los ancianos israelitas que Dios dijo que todos hicieran un viaje de tres días al desierto para alabar a Dios. Cuando le pidas permiso al Faraón, no legustará. Pero hare algunas cosas maravillosas y él cederá. De hecho, ¡les pagarán para que se vayan!"

Moisés se preguntó: "¿Y si no me creen? Dios le dijo a Moisés que tirara su vara al suelo, y éste se convirtió en una serpiente. Moisés tocó la serpiente y se convirtió de nuevo en una vara. Entonces Dios le dijo a Moisés que pusiera su mano en su manto y la sacara. Estaba cubierta de una enfermedad de la piel llamada lepra. Cuando Moisés volvió a meter la mano en el manto y la sacó, la lepra había desaparecido. "¿Qué prueba es esa?".

Moisés respondió con otra excusa. "Sí, pero no soy muy bueno hablando en público. Se me enredan las palabras. Envía a otro".

Dios no estaba contento con esto. "Bien, enviaré a tu hermano Aarón contigo para que hable por ti".

Al quedarse sin excusas, Moisés fue a Egipto una vez que todas las personas que lo querían muerto habían muerto. Puso a Aarón al corriente de lo que Dios le había dicho, y luego contó a los líderes de los israelitas lo que Dios quería hacer. Se organizó un gran servicio de adoración.

Faraón con el corazón duro (ÉXODO 5-6)

Todo parecía bien hasta que Moisés y Aarón fueron a ver al Faraón y le dijeron estas palabras: "Dios dice, deja ir a mi pueblo".

El Faraón se creía Dios, así que la idea de que otro Dios le dijera lo que tenía que hacer no era normal. Moisés le dijo sobre el retiro espiritual de tres días que querían hacer en el desierto para ofrecer sacrificios. El Faraón pensó inmediatamente: *"Esta gente tiene demasiado tiempo libre"*. Ordenó a los capataces que hicieran que los israelitas fabricaran sus propios ladrillos desde cero y que hicieran más diariamente.

Moisés se dirigió a Dios. "¿Por qué me hiciste hacer esto? Todo lo que hago es causar problemas".

Dios respondió: "Yo soy Dios. Yo salvaré a este pueblo. ¡Ellos serán mi pueblo y yo seré su Dios!".

Moisés fue y le dijo esto al pueblo, pero estaban demasiado ocupados y molestos para escuchar.

Dios le dijo a Moisés: "El Faraón es un hombre cruel, pero hare su corazón aún más severo, y entonces verás lo que puedo hacer".

Así que ahora, a sus ochenta años, Moisés y Aarón volvieron de nuevo a ver al Faraón. Aarón tiró su vara y se convirtió en una serpiente. El Faraón tenía un grupo de sabios, magos y hechiceros. Tomaron una vara e hicieron lo mismo. Pero la serpiente de Aarón se tragó sus serpientes.

Había más milagros por venir.

Aquí vienen las plagas (ÉXODO 7-10)

Dios le dijo a Moisés que le dijera al Faraón que dejará ir a su pueblo o que convertiría el Nilo en sangre. El Faraón dijo que no, así que Moisés golpeó el agua con su vara y la convirtió en sangre. Los magos del Faraón también convirtieron el agua en sangre. Todos pensaron que Moisés estaba haciendo trucos de magia. Nadie estaba impresionado, excepto por el hecho de que su principal fuente de agua potable se volvió imposible de beber.

Para el segundo milagro, Moisés volvió a pedirle al Faraón que dejara ir a los israelitas o Dios provocaría una inundación de ranas que infestaría la tierra. El Faraón se lo negó, así que Dios permitió que aparecieran ranas por todas partes, saliendo del agua yde la tierra. Los magos hicieron un truco similar, y todo el mundo se encogió de hombros: no era para tanto. Pero había ranas hasta donde se podía ver, en cada patio y en cada casa, en las mesas de la cocina, en las camas y en los baños. Entonces las ranas murieron y el lugar apestaba.

El Faraón no quiso ceder. Aarón levantó su vara los enjambres de mosquitos se extendieron por la tierra. Los magos intentaron este truco, pero no pudieron hacerlo. ¡Un gran fracaso!

Pero el Faraón seguía sin ceder. Entonces Dios permitió que billones de moscas zumben por todas partes, excepto alrededor de los israelitas.

El Faraón cedió un poco y les permitió irse, pero cambió de opinión cuando las moscas se fueron. Cinco plagas menos. Faltan cinco.

A continuación, una enfermedad afectó al ganado, enfermando las vacas, ovejas y cabras egipcias, pero no el de los israelitas. El Faraón seguía diciendo que no.

Entonces Dios permitió que apareciera una plaga de úlceras, dolorosos granos, en el cuerpo de la gente. Solo los egipcios tuvieron úlceras. No los israelitas. El Faraón seguía diciendo que no.

Luego vino una tormenta de granizo de gigantescas rocas de hielo que caían del cielo. A pesar de haber sido advertidos, los egipcios dejaron su ganado y sus sirvientes fuera, todos los cuales murieron y todas las cosechas fueron arrasadas. Sin embargo, los israelitas estaban bien.

¡Esta vez el Faraón se llamó a sí mismo pecador! "¡El Señor tiene razón y yo estoy equivocado! ¡Ora por mí, Moisés! Sí, puedes ir". Pero una vez que cesaron los truenos y el granizo, el Faraón volvió a cambiar de opinión y les dijo que se quedaran.

Lo mismo ocurrió con enjambres y enjambres de langostas que se comieron todas las plantas a la vista.

El Faraón hizo lo mismo que la vez anterior: clamó por misericordia, pero cambió de opinión una vez que se fue la plaga.

Entonces Dios puso a todo Egipto en la oscuridad (excepto donde vivían los israelitas, donde el sol brillaba). Durante tres días, los egipcios no pudieron ver su mano delante de su cara. El Faraón dijo: "¡Vayan! y luego dijo: "¡No!"

Nueve menos. Falta una.

Una Pascua mortal (ÉXODO 11-12)

Dios tenía una última plaga en su arsenal. Se trataba de algo importante: cada primogénito en Egipto moriría.

Para evitarlo, los israelitas debían sacrificar un cordero que tenga un año y sin ningún defecto en el décimo día del mes y esparcir la sangre del cordero en los lados y en la parte superior de sus puertas. Cuando el ángel de la muerte pasara por sus casas, vería la sangre que señalaba y cubría la casa, y nadie moriría dentro. La muerte literalmente "pasaría por encima" de la casa.

Luego, se les dieron instrucciones muy específicas sobre cómo comer el cordero y toda la comida de la Pascua. El pan debía hacerse sin levadura como una galleta, porque no tendrían tiempo de esperar a que creciera. Esto llevó más tarde a una celebración llamada la Fiesta de los Panes sin Levadura, y más tarde, la Pascua. En el futuro, sería un día para recordar a los israelitas este impresionante acontecimiento.

A medianoche, después de que los israelitas hicieran lo que Dios les pidió, el ángel de la muerte mató a todos los primogénitos, incluido el hijo del Faraón. Escucharon terribles lamentos y llantos durante toda la noche.

El Faraón trajo a Moisés y a Aarón ante él y les dijo: "¡Déjennos! ¡Vayan! Agarren lo que quieran y márchense". Cogieron lo que necesitaban y pidieron a los egipcios su oro y su plata. Los egipcios les pagaron para que salieran, tal como Dios lo había prometido.

Unos 600,000 israelitas (con las mujeres y los niños eran más de un millón de personas) salieron de Egipto esa noche. Habían vivido en Egipto durante 430 años.

Un paseo por el mar (ÉXODO 13-15:21)

Mientras los israelitas se alejaban, Moisés se acordó de llevarse los huesos de José (su último deseo) para ser enterrados en la Tierra Prometida.

Dios los guió con una columna de nube en el día y una columna de fuego en la noche.

Justo en ese momento, el Faraón se dio cuenta de que había perdido y dijo: “¿En qué estábamos pensando? Vamos por ellos”. Cargaron sus carrozas y persiguieron a los israelitas. Los israelitas vieron lo que tenían delante: un enorme mar, llamado Mar Rojo, y el ejército egipcio que venía detrás de ellos. ¡Estaban atrapados!

El pueblo gritó a Moisés: “¡Nos has traído aquí para morir! “Deberías habernos dejado en Egipto”.

Moisés les gritó: “¡No se asusten! Dios nos salvará”.

Y lo hizo. Dios le dijo a Moisés que levantara su vara, y el Mar Rojo se abrió, creando un camino a través de él. Se abrió con el tiempo justo para que todos los israelitas pasaran al otro lado, pero se cerró justo cuando los egipcios en sus carrozas intentaron cruzarlo. Todo el ejército egipcio se ahogó.

El pueblo confiaba en Moisés como su líder en ese momento. También temían al Señor y su poder.

Moisés canto una canción y también lo hizo su hermana, Miriam.

Al emprender la marcha por el desierto, necesitaban agua. Encontraron un estanque, al que llamaron Mara, porque el agua era amarga.

Cada vez que los israelitas se quejaban, Dios proveía con gracia para satisfacer sus necesidades. Lo hizo con amor. Pero el pueblo pronto presionaría demasiado a Dios.

¿CUÁLES SON LAS IDEAS PRINCIPALES EN ESTE CAPÍTULO?

- Dios hará lo que sea necesario para salvar a su pueblo y liberarlo. Llegará a enviar a su Hijo a la tierra para que muera y nos libere de nuestros pecados.
- Dios llamará a personas para que le ayuden a salvar a otras personas. Tú podrías ser un líder para ayudar a salvar gente.
- Puedes pensar que no eres un buen orador o un líder inteligente, pero Dios te lo mostrará e incluso traerá a otros para que te ayuden.

4

Tiempo en el Desierto

ÉXODO 15:22–40:38

¿QUIÉN ES QUIÉN?

- » **Moisés**—consigue ver a Dios cara a cara y puede probarlo.
- » **Aarón**—ascendió a sumo sacerdote, pero comete un enorme error del tamaño de una vaca.
- » **Reuel/Jetro**—Suegro de Moisés, que tiene algunos buenos consejos.
- » **Josué**—comandante del ejército de Moisés; se prepara para reemplazar a Moisés algún día.

¿DÓNDE ESTAMOS?

- » **Desierto**—no hay mucha comida ni agua en un desierto, pero aun así Dios proveyó.
- » **Monte Sinaí**—Dios pasó más tiempo en esta montaña que en cualquier otra montaña del mundo.

DATOS INTERESANTES EN ESTA SECCIÓN

- » Moisés pasó dos experiencias de cuarenta días con Dios en la montaña. Dios le dio mucha información y la recopiló en un libro.
- » El Monte Sinaí se encuentra probablemente en la península egipcia del Sinaí. No sabemos qué montaña era precisamente el Monte Sinaí, pero diferentes personas han señalado algunas posibilidades.
- » Las leyes de Dios hablan de cómo manejar los secuestros, qué hacer si el toro de alguien mata a una persona, y qué tipo de responsabilidad existiría si estás cuidando el burro de alguien y éste muere.
- » A Dios no le gustan las hechiceras.
- » El tabernáculo estaba hecho con cortinas y barras de cortina, como la cortina de tu ducha, pero cientos de veces más grande.
- » La "Tierra Prometida" es la zona que llamamos Israel. Dios prometió a los israelitas que los llevaría a esta tierra y se la daría.

Los murmuradores (ÉXODO 15:22-19:25)

El pueblo no tardó en olvidar todas las grandes cosas que Dios había hecho, cuando se acercaron al estanque de agua y descubrieron que estaba amarga. Gritaron: "Genial, ahora vamos a morir de sed". Dios le dijo a Moisés que arrojara un trozo de madera al agua, y el agua quedó purificada, lista para beber.

Entonces el pueblo se quejó de su alimentación.

Dios les proporcionó codornices.

Cuando la gente lo miró dijieron:"¿Qué es esto?". Es así como se llamó, que es esto, que traducido al idioma hebreo es la palabra maná.

Mientras los israelitas viajaban de Elim al desierto de Sin, toda la comunidad comenzó a murmurar contra Moisés y Aarón. Preferían morir en Egipto en lugar de morir en el desierto por falta de comida.

Cuando los israelitas se despertaron a la mañana siguiente, literalmente, llovió pan del cielo. Dios les había respondido proporcionándoles unos copos finos, como de escarcha, que caían del cielo. Su sabor era igual al de la miel y al pan de cilantro. Recogieron los copos, suficiente para un día, pero tenían que confiar en que Dios les proporcionaría más al día siguiente y no recoger mucho. Si lo hacían, la comida que almacenaban se cubriría de gusanos. El único momento en que podían tomar más de lo suficiente era el día anterior al sábado ya que Dios no quería que trabajaran ese día.

Dios les suministró exactamente lo que necesitaban en el desierto: pan fresco cada mañana, llamado maná. Dios le dijo a Moisés que guardara un cántaro de maná para mostrar a las futuras generaciones lo que hizo milagrosamente.

Se podría pensar que el

incidente del maná haría que el pueblo confiara en la ayuda de Dios, pero no fue así. Una vez más se quejaron del agua. "¡Vamos a morir de sed!"

Dios los escuchó pacientemente y les respondió, diciéndole a Moisés que golpeara su vara contra una roca en el monte Horeb. Moisés lo hizo y salió agua por chorros.

Su siguiente enemigo, los amalecitas, los atacaron, listos para la guerra. Moisés envió a su comandante de confianza del ejército, Josué, a luchar, mientras Moisés estaba en una montaña con los brazos levantados.

Cuando sus brazos estaban levantados, los israelitas ganaban. Cuando Moisés bajaba los brazos, los amalecitas ganaban. ¡Aarón y Jur intervinieron y sostuvieron los brazos de Moisés hasta que los israelitas ganaron!

Moisés se mantuvo muy ocupado como líder y máximo responsable de las decisiones, escuchando las quejas de la gente y actuando como juez en las disputas. Su agenda estaba llena desde la mañana hasta la noche.

Un día, el suegro de Moisés, Jetro, vino a ver a Séfora, su hija y a sus nietos. Moisés y Séfora habían tenido otro hijo, llamado Eliezer. Moisés puso a Jetro al corriente de todo lo ocurrido. Jetro estaba impresionado, pero cuando vio lo ocupado que estaba Moisés, se preocupó.

"No puedes andar así todo el tiempo. Tienes que elegirá algunos hombres capaces, que teman a Dios, sean dignos de confianza y no sean codiciosos, y nombrarlos como jefes de diferentes grupos. Si haces esto, te quitarás un enorme peso de encima".

Moisés lo hizo y ¡funcionó muy bien! Les dio a los jefes los casos más fáciles mientras él se encargaba de los casos más difíciles.

Montaña de los diez mandamientos (ÉXODO 20)

Los israelitas llegaron al Monte Sinaí y acamparon al pie de la montaña. Moisés subió a hablar con Dios en la cima del monte Sinaí.

Dios le dijo: "Dile al pueblo que, si obedece todo lo que te digo, los amaré más que a cualquier otra nación. Serán un reino de sacerdotes y una nación santa".

El pueblo estuvo de acuerdo y dijo que haría todo lo que Dios quisiera. Dios les dijo que se lavaran y que no tocaran la montaña porque se convertiría en tierra.

Moisés subió a la montaña. El humo cubrió la cima. El suelo temblaba y las trompetas sonaban. El Señor se presentó en el Monte Sinaí y habló con Moisés. Comenzó por exponer los Diez Mandamientos, los cuales fueron grabados por Dios en dos tablas de piedra con su propio dedo. Estos eran:

1. No tengas otros dioses aparte de mí.
2. No hagas imágenes o ídolos ni los adores.
3. No hagas mal uso del nombre de Dios.
4. Recuerda el día de reposo y guárdalo de forma especial.
5. Honra a tu madre y a tu padre.
6. No mates.
7. No cometas adulterio.
8. No robes.
9. No mientas sobre tu prójimo.
10. No envidies las cosas que tiene tu prójimo.

Cuarenta días, cuarenta noches, parte 1

(ÉXODO 21-31)

A continuación, Dios estableció una serie de leyes importantes por las que quería que esta nación santa viviera. Estas reglas incluían cómo tratar a los sirvientes, qué hacer cuando se hiere a alguien, qué hacer si tu animal hiere a alguien, cómo proteger tu propiedad, e incluso leyes sobre pedir prestadas las cosas de otras personas.

Durante este tiempo, Dios también dio un principio conocido por nosotros hoy en día: el sistema de justicia "ojo por ojo, diente por diente". Dice que, si le sacas un ojo a alguien, tu ojo debe ser sacado. Si le sacas un diente a alguien, tu diente debe ser sacado. Habla de una justicia igual al crimen.

Dios realmente enfatizó esas reglas sobre no adorar a otros dioses. Sabía lo peligroso que podía ser que la gente se distrajera con los ídolos y empezara a seguir a dioses falsos.

Dios prometió que un ángel iría delante de ellos y abriría un camino, debilitando a esos enemigos en la tierra como lo había prometido. Dejó claro que nunca hagan ninguna promesa con esa gente ni con sus dioses.

Cuando Moisés repitió todas estas reglas y promesas al pueblo, todos aclamaron felices: "¡Haremos todo lo que el ¡Señor ha mandado!"

Moisés volvió al monte mientras la nube lo cubría. Se quedó allí, esta vez durante cuarenta días y noches.

Durante ese largo periodo de tiempo, Dios compartió una gran cantidad de información valiosa con Moisés. En particular, Dios describió cómo funcionaría el tabernáculo. En esos lugares estaban los utensilios y accesorios (mesas, lámparas, altares) utilizados para los sacrificios y adoración. Dios dio a dos hombres, Bezalel y Aho-

Los tabernáculos eran un centro de alabanza portátil hecho de tubos y cortinas, con lugares para alabanzas y sacrificios. Fue un modelo para el futuro templo.

liab, sabiduría y habilidades especiales para que construyeran todo con precisión, de acuerdo a la voluntad de Dios.

En la tierra, Moisés se reunió con Dios en un lugar llamado Tienda de Reunión. Cuando entró, el pueblo se puso de pie. Cuando salió, el pueblo escuchó lo que Dios le dijo a Moisés.

El arca del pacto era un recipiente muy especial, hecho de madera, recubierto de oro, sujeto con anillos para que pudiera ser transportado con varas. Era una pieza muy sagrada que no se podía tocar. En su interior, el arca, que significa un recipiente que contiene cosas, contendría las tablas con los Diez Mandamientos y una urna de maná.

Dios también diseñó las vestimentas que llevaban los sacerdotes. Los sacerdotes eran del linaje de Leví, uno de los doce hijos de Jacob, por lo que se les llamaba levitas,e incluía a Aarón y a Moisés. Aarón sería el primer sumo sacerdote. Las vestimentas mostraban muchas imágenes para recordar a los sacerdotes por qué realizaban los sacrificios. La función de los sacerdotes era situarse entre el pueblo pecador y un Dios santo, y realizar los sacrificios necesarios para proporcionar el perdón. Se celebraba una ceremonia para purificar a los sacerdotes y destinarlos a su trabajo especial.

El Sábado era muy importante para Dios, tanto que Dios dijo que cualquiera que no lo honrara sería condenado amuerte. No solo era un día de descanso

En el calendario Judío, el Sabbath era el sábado. Cuando Jesús Resucitó entre los muertos un domingo los cristianos cambiaron ese día de alabanza y reflexión al domingo.

para el pueblo, era un día de reflexión y conexión con Dios. Era un día donde se confiaba en Dios, no se debía trabajar ni proveer para uno mismo. El día de reposo fue diseñado siguiendo el modelo del séptimo día de descanso que Dios tomo cuando creó el mundo.

El becerro de oro (ÉXODO 32)

Mientras Moisés obtenía toda esta valiosa información en la cima de la montaña, la gente estaba asustada. "¿Dónde está Moisés?".

La gente volvió a sus viejas costumbres egipcias y dijo: "¡Eh, hagamos un becerro de oro y adorémoslo!".

Aarón, quién debió ser más listo, pidió que se quitaran todos sus aretes de oro, los fundió e hizo un becerro de oro. "Aquí está tu Dios que te sacó de Israel". Así, rompieron los mandamientos uno y dos.

Mientras el pueblo se divertía, Dios le dijo a Moisés: "Será mejor que vuelvas con el pueblo. Están fuera de sí y me estoy enfadando mucho con ellos”.

Moisés bajó con los Diez Mandamientos, vio lo que estaban haciendo, y rompió las tablas de ley. Tomó el becerro de oro y lo quemó en el fuego.

Se dirigió a su hermano. "Aarón, ¿cómo pudiste permitir que esto sucediera?"

Aarón mintió. "Esta gente es muy malvada. Me obligaron a hacerlo. Tiré las joyas de oro al fuego y este becerro de oro salió”.

Moisés reunió a los levitas y los armó con espadas. Se les dijo que recorrieran el campamento y mataran a cualquiera que amara a este dios. Lo hicieron, y tres mil murieron.

Moisés se puso delante de la gente y les dijo que Dios estaba realmente enfadado con ellos. Moisés iba a ir a ver al Señor, quien, con suerte, los perdonaría. Moisés le suplicó a Dios. Dios los perdonaría, pero primero debían ser castigados. Una gran plaga golpeó al pueblo.

Cuarenta días, cuarenta noches, parte 2

(ÉXODO 33-40)

Al volver a la montaña, Moisés pidió ver la gloria de Dios. Dios respondió: “Nadie ve mi rostro y vive, pero si te pones detrás de esta roca, dejaré que me des un vistazo”. Entonces, Dios le dijo a Moisés que tallara dos tablas más de piedra y que volviera a intentar con los Diez Mandamientos. Dios le dio a Moisés más reglas importantes para seguir y lo envió de vuelta al pueblo. Ese fue el segundo encuentro de Moisés con Dios durante cuarenta días.

Cuando Moisés se presentó, la gente decía que había estado con Dios. ¡Su rostro brillaba tanto que tuvo que ponerse un velo!

Moisés le contó al pueblo lo que Dios había dicho, y todos se pusieron a trabajar para construir el tabernáculo que Dios quería. Bezalel y Aholiab supervisaron a muchas personas expertas. Moisés pidió a la gente que trajera materiales para la construcción, y ellos trajeron todo lo que tenían, ¡tanto que Moisés tuvo que pedirles que se detuvieran!

El tabernáculo, el arca del pacto y todos los utensilios utilizados para la adoración y los sacrificios fueron ensamblados, incluyendo las vestimentas sacerdotales para los levitas.

Una vez terminado todo, Moisés miró su trabajo. Era perfecto, hecho exactamente como Dios quería. Moisés lo arregló todo y una nube cubrió la Tienda de Reunión mientras la gloria del Señor aparecía y llenaba el tabernáculo.

Era tan poderoso que Moisés tuvo que alejarse. Dios mostró su aprobación al estar allí con ellos. Sin embargo, pronto Dios deseará no haber sacado a este pueblo de Egipto.

¿CUÁLES SON LAS IDEAS PRINCIPALES EN ESTE CAPÍTULO?

- Dios no quiere que adoremos o pongamos nuestra confianza en ningún dios que no sea ÉL que nos ama tanto; otros dioses sólo nos harán daño.
- Hay muchos pecados enumerados en la Biblia. Todos los pecados son realmente iguales. Un pecado es cuando hacemos algo que Dios no quiere que hagamos.
- Los Diez Mandamientos están divididos en dos categorías: pecados contra Dios (1-4) y pecados contra otras personas (5-10). Por eso Jesús dijo que el mayor mandamiento era amar a Dios y amar al prójimo. Esas dos reglas resumen todos los Diez Mandamientos.
- Debemos confiar en Dios incluso cuando parece que las cosas son imposibles o sin esperanza. Él te ama y cuidará de ti.

5

Cuarenta Años Después

LEVÍTICO; NÚMEROS; Y DEUTERONOMIO

¿QUIÉN ES QUIÉN?

- **Moisés**—hace un berrinche y pierde su pase a la Tierra Prometida.
- **Josué**—es elegido para liderar después de la muerte de Moisés.
- **Caleb**—un hombre de fe y un tipo realmente rudo.

¿DÓNDE ESTAMOS?

- **Monte Sinaí**—tiempo de dejar la montaña y enfrentarse a muchas más montañas.
- **El desierto**—un lugar bonito para visitar, pero no querrás vivir allí.
- **Monte Nebo**—una gran montaña en la frontera de Jordania con vistas a Israel, donde Moisés murió.

DATOS INTERESANTES EN ESTA SECCIÓN

- El libro de Levítico recibe su nombre debido a que es un manual de uso para los sacerdotes levitas.
- El libro de Números recibe su nombre debido a que Dios pidió que se contara a todo el pueblo.
- El libro de Deuteronomio significa "segunda ley", porque Moisés abarcó toda la información de la ley por segunda vez para una nueva generación.
- Los primeros cinco libros de la Biblia se llaman "La Ley". Cubren la ley de Dios para la humanidad.
- La expresión "una tierra que mana leche y miel" significa que los animales están sanos y producen leche, y las abejas polinizan las flores y los árboles. El ecosistema estaba en un balance perfecto.
- La vida de Moisés se divide en tres secciones de cuarenta: cuarenta años en Egipto, cuarenta años como pastor en el Medio Oriente y cuarenta años liderando a los israelitas a la Tierra Prometida.

El Linaje de Leví (LEVÍTICO)

Si alguien nacía del linaje de Leví, calificaba como sacerdote y podía participar del sistema de sacrificios. En la época de Moisés, todos esos sacrificios ocurrían en un templo portátil, llamado tabernáculo. En la época de Salomón, se realizarían, finalmente, en una estructura permanente llamada templo.

Dios tenía información muy específica que quería que los levitas conocieran sobre una serie de temas, como los diferentes tipos de sacrificios, los muchos festivales o celebraciones, y reglas muy específicas que ayudaban a vivir una vida santa. A veces esa información parecía asquerosa y desagradable, pero Dios sabe que la gente vive en un mundo asqueroso y desagradable. Se les dijo lo que tenían que decir.

Cuenta regresiva (NÚMEROS 1-10)

Había pasado un año y un mes desde que los israelitas salieron de Egipto. Fue entonces cuando Dios le pidió a Moisés que hiciera un censo, contando a todo el pueblo y dividiendo el liderazgo en grupos. Contaron a todos los hombres de veinte años a más, los que tenían edad suficiente para servir en el ejército de Dios. El número ascendió a 603,550. Los levitas no fueron contados porque no servían en el ejército, sino en el tabernáculo.

Luego Dios pidió que las tribus se organizaran cuando se instalaran en un campamento alrededor del tabernáculo (que contenía el arca del pacto). Las tribus se reunieron en un círculo alrededor del tabernáculo en el centro. El trabajo de los levitas era desmontar, llevary volver a montar el tabernáculo cada vez que Dios los movía.

Dios abarcó con ellos muchas más reglas sobre el matrimonio, la pureza, los votos y las ofrendas.

Como había pasado un año, era el momento de la segunda Pascua. Entonces Dios hizo que Moisés hiciera dos trompetas de plata que llamarían a la gente a reunirse, a celebrar y a ir a la guerra.

Dios estaba listo para moverlos, así que la columna de nube que habían estado siguiendo se levantó del tabernáculo de su base de operaciones en el Monte Sinaí. Empacaron sus pertenencias y lo siguieron. El arca del pacto fue llevada al frente de la procesión.

Más quejas y murmullos (NÚMEROS 11-19)

El pueblo se quejó de todas estas dificultades. Dios se hartó, así que hizo caer fuego del cielo y mató a los que se quejaban.

Luego un grupo comenzó a murmurar por no tener más comida que el maná todo el tiempo. Incluso Moisés no pudo soportar la queja por más tiempo. Dios sopló tanta codorniz que cubrió todo el campamento. El pueblo recogió todo lo que pudo, pero había algo en su actitud que enfureció a Dios. Así que los atacó con una grave plaga.

Mientras ellos viajaban a un nuevo lugar, esta vez Miriam y Aarón se unieron a las quejas contra su hermano, Moisés. Dios los llamó al frente de la Tienda de Reunión. Después de regañarlos, la piel de Miriam se volvió blanca como la nieve (lepra). Moisés clamó a Dios para que se detuviera, y lo hizo. Miriam quedó curada.

Los israelitas se movieron un poco más, acercándose a la tierra que se les había prometido. Dios se aseguró de que cada tribu tuviera un líder específico, Josué supervisaba la tribu de Efraín y Caleb, era líder de la tribu de Judá. Dios les dijo a esos doce líderes que cruzaran la Tierra Prometida, espiaran a la gente que estaba allí y trajeran un informe.

Cuarenta días después, los espías regresaron, entusiasmados, diciendo que la tierra era estupenda y que había muchas cosas creciendo. Incluso trajeron un racimo de fruta para demostrarlo.

Pero . . .

También informaron de que las personas que vivían allí eran guerreros enormes, poderosos y fuertes. Diez de los líderes tribales negaron con la cabeza. "Es imposible que podamos vencerlos en una pelea".

Josué y Caleb no estuvieron de acuerdo. "¡Podemos tomar esa tierra porque Dios está de nuestro lado!"

El pueblo solo escuchó a los diez quejumbrosos. Se asustaron tanto que trataron de encontrar una manera de volver a Egipto. Moisés y Aarón le rogaron al pueblo que no pensara así. Entonces Moisés se dirigió a Dios, pidiéndole perdón.

Dios dijo: "Los perdono, pero ninguno de ellos entrará a la Tierra Prometida. De hecho, serán cuarenta años a partir de ahora, un año por cada día que los espías se fueron, cuando los lleve a la Tierra Prometida. Es el tiempo justo para que esta generación sin fe muera".

Los diez que dieron el mal informe fueron asesinados por una plaga. El pueblo se lamentó y decidió entrar en la Tierra Prometida por su cuenta para demostrar que estaba preparado. Pero un ejército de amalecitas y cananeos los derrotó. Estaban condenados a morir en el desierto y nunca ver la Tierra Prometida con sus propios ojos, excepto Josué y Caleb, los únicos que confiaron en Dios.

Estalló otra rebelión, esta vez con una familia de levitas encabezada por un hombre llamado Coré, y otros 250 hombres. Dios les dijo que se reunieran, y luego les dijo a todos los demás que se retiraran. Moisés clamó por misericordia, pero Dios dijo que tenía que castigar a los que se quejaban. La tierra se abrió y se tragó a la familia de Coré, mientras que el fuego quemó a los que murmuraban.

La ira de Dios ardió aún más contra el pueblo. Una plaga mató a miles de personas hasta que Moisés intervino de nuevo, suplicando a Dios que se detuviera. Dios escuchó a Moisés y la plaga terminó.

Pero eso no impidió que el pueblo se quejara. Se produjo otra discusión y Dios quiso asegurarse de que entendieran que Aarón y los levitas eran los sacerdotes elegidos. Dios pidió a cada jefe de tribu que trajera su propia vara personal, escribiera su nombre en ella y la pusiera delante del arca del pacto. "La tribu que pertenezca a la vara que brote y florezca durante lanoche es la tribu de mis sacerdotes elegidos".

Cuando fueron a la mañana siguiente y miraron las ramas muertas que los hombres usaban como varas, solo la vara de Aarón había brotado y florecido comosi estuviera vivo.

¡Incluso crecían almendras! Eso calmó otra discusión entre el pueblo... por ahora. Esa vara también fue a parar al arca del pacto.

Moisés es castigado (NÚMEROS 20-21)

Había pasado un tiempo. Miriam murió y fue enterrada.

Los israelitas se enfrentaron a una crisis de agua y comenzaron a discutir con Moisés y Aarón.

Se quejaban y se lamentaban: "Oh, si hubiéramos muerto en Egipto en vez de aquí, en el desierto. Al menos allí teníamos grano, higos y uvas".

Moisés preguntó a Dios qué hacer. Dios le dijo: "Toma tu vara y háblale a la roca que está frente al pueblo. Saldrá agua".

Moisés tomó su vara y se dirigió a la roca. Delantede todos, perdió la calma. "¡Aquí tienen, rebeldes! Aquí tienen agua". Golpeó la roca dos veces con la vara. El agua salió por chorros.

Dios apartó a Moisés y le dijo: "No confiaste en mí ni me honraste en ese momento, así que no te permito entrar en la Tierra Prometida".

Más tarde, Moisés envió mensajeros a Edom y preguntó si podían pasar por su tierra. Se negaron a dejarlos pasar (recordemos que son descendientes de Esaú). Esto no ayudó a las relaciones entre los dos países.

Dios le dijo a Moisés que su hermano, Aarón, moriría, y le pidió que su ropa de sumo sacerdote fuera entregada al hijo de Aarón, Eleazar, en el monte Hur. Todos fuerona la montaña. Aarón entregó la ropa a su hijo y luego murió.

Después de un tiempo de luto por Aarón, los murmuradores volvieron a quejarse, centrando su descontento con Dios y Moisés. Dios respondió enviándoles serpientes venenosas que mordían y mataban a los israelitas a diestra y siniestra.

Eso despertó a todos. "¡Oye, Moisés hemos pecado contra Dios! Detén estas serpientes".

Dios ofreció un interesante remedio. "Haz una serpiente de bronce y ponla en un poste. Todo el que la mire quedará curado". Funcionó, y aunque fueron mordidos, vivieron.

Al igual que miran las personas que miran a la cruz para salvarse de sus pecados mortales y venosos, los israelitas miraron a la serpiente de bronce en una vara. Ambas situaciones requieren fe para ser curados.

Durante ese tiempo, Israel cosechó muchos éxitos, ganando guerras y capturando ciudades. La noticia de su fuerza creció y los reyes de la zona se pusieron muy nerviosos.

Un profeta y su burra que habla (NÚMEROS 22-25)

Mientras tanto, a medida que los israelitas crecían en poder, otros reinos de la zona se ponían nerviosos, especialmente el rey Balac de Moab. ¡Estaban aterrorizados! Se dio cuenta de que no podían derrotar a los israelitas físicamente, así que decidió ir tras ellos espiritualmente.

Balac envió mensajeros para contratar a un profeta que hiciera llover maldiciones sobre los israelitas. El profeta se llamaba Balán. Dios le dijo a Balán: "No vayas con esta gente y no le eches una maldición sobre mi pueblo".

Balán le dijo que no a Balac, que no maldeciría a este pueblo por toda la plata y el oro del mundo. Pero Dios le dijo a Balán que fuera con Balac y que hiciera solo lo que Dios le dijera.

Balán se subió a su burra favorita y aparentemente no hizo lo que Dios quería, así que Dios envió un ángel para interceptarlo. La burra pudo percibir al ángel, y siguió desviándose del camino. Balán no pudo ver al ángel y pensó que la burra solo estaba siendo problemática. Golpeó al burro tres veces por desobediencia.

Fue entonces cuando la burra habló. "¿Qué te he hecho para que me pegues tres veces?"

"¡Sigues poniéndome en ridículo!" replicó Balán.

"¿Mehe comportado así alguna vez?", dijo la burra.

"No".

Entonces Dios abrió los ojos de Balán y vio al ángel. Balán seinclinó, avergonzado. El ángel le dijo a Balán:

"La burra me vio tres veces y tú no pudiste verme una vez. La burra te salvó la vida porque iba a matarte". Balán se disculpó un poco más. Entonces el ángel le dijo: "Ve con estos hombres de Moab, pero solo di lo que yo te dije".

Balán le dijo a Balac que construyera siete altares y que él recibiría una palabra del Señor para dar a Balac. Balac construyó esos altares y Balán fue a cada uno para recibir un mensaje. Los mensajes eran más o menos los mismos: Dios es grande y poderoso, y este es su pueblo.

> El cuarto mensaje de Balán, contiene en realidad una predicción del nacimiento de un rey y una estrella de Jacob que señala su nacimiento. Los sabios deben haber leído ese verso en Números 24:17.

A Balac no le gustaron esos mensajes, así que encontró una manera de engañar a los israelitas de manera inmoral con su dios, Baal. Funcionó; muchos israelitas varones cayeron en la trampa.

La ira de Dios ardió al rojo vivo contra los israelitas hasta que uno de los sacerdotes, Finés, mató a un hombre que estaba a punto de pecar por culpa de este dios Baal. Esa muerte detuvo una terrible plaga que Dios desató.

El aniversario de los cuarenta años (NÚMEROS 26-36)

Se realizó un segundo censo, marcando cuarenta años en el desierto, contando a todos los hombres de veinte años a más. El número total de hombres combatientes ascendió a 601.730. Esto era menos de lo que habían contado en el primer censo.

Dios le dijo a Moisés que pusiera sus manos sobre

Josué. Dios reconoció que Josué tenía espíritu de liderazgo, y que tomaría el trabajo de Moisés cuando éste muriera. Todos vieron esto y supieron que Dios quería que Josué liderara después de la muerte de Moisés.

Los israelitas se vengaron de los madianitas por su papel en el plan de Balac. Incluso Balán fue asesinado, supuestamente porque se vendió y le contó a Balac cómo derrotar a los israelitas. Se repartieron el botín después de arrasar completamente con los pueblos.

A medida que se acercaban a la Tierra Prometida, tres de las tribus los rubenitas, los gaditas y la tribu del hijo de José, Manasés, vieron la tierra del lado este del río Jordán (conocido hoy como Jordán) y quisieron vivir allí. Moisés les permitió hacerlo, siempre y cuando los hombres se unieran a la guerra para eliminar a los enemigos en la Tierra Prometida. Después de eso, podrían regresar. Los hombres aceptaron.

El pueblo miró hacia atrás en su largo viaje para llegar aquí. Seguro que visitaron muchos lugares.

Ahora miraron hacia adelante. Aquella zona de Canaán era enorme y había que dividirla por tribus.

Necesitaban construir ciudades para los levitas, ya que no heredaban ninguna tierra, sólo el trabajo más importante en Israel como sacerdotes. También idearon ciudades de refugio, es decir, ciudades seguras donde la gente podía ir hasta que llegara la fecha de su juicio y estar libre de la venganza.

En la frontera (DEUTERONOMIO)

Después de muchas victorias sobres sus ejércitos enemigos a lo largo del camino, Moisés comenzó a poner orden en la tierra. Nombró líderes, comandantes y jueces para que cuidaran al pueblo. Enviaron espías para inspeccionar la Tierra Prometida. Volvieron, esta vez con buenas noticias, seguros de que podrían derrotar a cualquiera con Dios a su lado.

Moisés comenzó un largo y último discurso a esta nueva generación de israelitas, cuarenta años después de salir de Egipto. Repasó la historia de lo que los llevó a este punto, las victorias y las agonizantes derrotas. Moisés les recordó lo enojado que habían puesto a Dios.

Jesús citó dos versículos de Deuteronomio cuando fue tentando en el desierto por satanás, ¡Y citó dos citas del libro como los más grandes mandamientos!

Resumió la ley, incluidos los Diez Mandamientos, y les dio otra ley importante: Amar al Señor, tu Dios, con todo tu corazón y con toda tu alma y con todas tus fuerzas. Moisés se refirió a la importancia de contar a la siguiente generación el amor y el poder de Dios, y como Él provee.

Les recordó que no se vive sólo de pan, sino de toda palabra que sale de la boca de Dios.

Moisés aprovechó este momento para asegurarse de que todos siguieran a su próximo líder, Josué. Luego Moisés cantó una canción. Bendijo a las tribus y subió al monte Nebo, donde Dios le mostró la tierra que tanto le costó ver pero que nunca pisaría.

Moisés murió a la edad de 120 años, y Dios lo enterró en un lugar secreto. La nación lloró su partida. Hasta ese momento, nadie había mostrado tanto poder ni había realizado actos tan poderosos como Moisés.

El Espíritu de sabiduría llenó a Josué. Estaba preparado para el siguiente capítulo de la historia de Israel.

¿CUÁLES SON LAS IDEAS PRINCIPALES EN ESTE CAPÍTULO?

- Dios es paciente con nosotros a pesar de nuestras quejas. Tiene el poder de acabarnos, pero nos permite vivir.
- Dios tiene mucho tiempo en sus manos. Él controla el tiempo. Cuarenta años son como un segundo para él.
- Ir a la Tierra Prometida se parece mucho a nuestro viaje por este desierto llamado vida hacia un lugar de paz llamado cielo. Dios nos guiará allí, nos dará sabiduría y nos protegerá de nuestros enemigos.

6

Somos los Campeones

JOSUÉ

¿QUIÉN ES QUIÉN?

» **Josué**—Elegido para dirigir después de la muerte de Moisés.

» **Caleb**— un anciano aguerrido de mucha fe.

» **Rajab**—una mujer cuestionable con un legado honorable.

¿DÓNDE ESTAMOS?

» **Jericó**—una ciudad que solía tener grandes muros.

» **Jerusalén**—este lugar se volverá muy importante más adelante.

» **Hai**—la otra ciudad con el menor número de letras en la Biblia (Ur es la otra).

DATOS INTERESANTES EN ESTA SECCIÓN

» El nombre Josué proviene de la misma raíz que Jesús, que significa "salvación."

» Rajab se puede encontrar en la línea genealógica de Jesús.

- En lugar de construir monumentos, la gente puso pilas de piedras para marcar el lugar y recordar lo que Dios hizo por ellos.
- Los arqueólogos han encontrado las ruinas de Jericó. Son las ruinas bíblicas más antiguas descubiertas en Israel. ¡La ciudad realmente existió!
- Se le vio a Moisés escribiendo la ley, y luego Josué leyó del libro de la ley. Estos fueron los primeros signos de la unión de la Biblia.

Espías en Jericó (JOSUÉ 1-4)

Josué se convirtió en el nuevo líder de los Israelitas. Dios les prometió darles toda la tierra siempre que siguieran firmes en la ley—leyéndola, hablando de ella, meditando en ella. Si así lo hacían, lo conseguirán. Una y otra vez, Dios le dijo a Josué, "Sé fuerte y valiente."

Una mujer de mala reputación como Rajab está en el linaje familiar de Jesús. Ella sería un antepasado del rey David y Salomón. Jesús vino a la tierra y salvar a todas las personas, sin importar que pecados hayan cometidos.

El pueblo estuvo de acuerdo y prometió su lealtad a Josué.

Jericó era una ciudad fuertemente fortificada al otro lado del río Jordán, su primera parada hacia la Tierra Prometida. Josué envió dos espías para comprobarlo. La gente en la ciudad descubrió que los espías estaban ahí y empezaron a perseguirlos. Los espías se encontraron a una mujer llamada Rajab, una prostituta, que los escondió bajo los tallos de lino de su techo. Rajab dijo que la gente de Jericó escuchó sobre las grandes conquistas de los Israelitas, y se asustaron. Ella sabía que Dios tomaría esta ciudad y preguntó si ella y su familia podrían salvarse. Le dijeron que pusiera un trozo de cordón rojo fuera de su ventana para marcar su ubicación cuando comenzara la invasión. Al regresar donde estaba Josué, al otro lado del río Jordán, los espías dieron su informe y confiaron en que Dios les daría la victoria.

Ellos partieron hacia Jericó, pero el enorme ejército de 40,000 tenía que cruzar un río profundo—el Jordán. Dios tenía un plan. Los levitas llevaron el arca del pacto al río primero. Tan pronto como lo hicieron, ¡el río Jordán dejó de fluir! Al igual que con el Mar Rojo, el ejército cruzó con seguridad al otro lado mien- tras el arca y los sacerdotes mantuvieron su posición.

Una vez que salieron, el río volvió a fluir. ¡Un milagro increíble! Marcaron este lugar con doce piedras, una por cada tribu, como recordatorio de lo que sucedió.

La caída del muro (JOSUÉ 5-6)

Otras naciones escucharon lo que sucedió en el Jordán y sus corazones se llenaron de miedo.

El ejército se acercó a Jericó y las enormes murallas que rodeaban la ciudad. Parecía imposible derribar la ciudad, pero Dios tenía otro plan. Ellos no lucharían solos.

Josué vio a un hombre con una espada en la mano.

"¿Estás a favor o en contra de nosotros?" Preguntó Josué.

"Ninguno", dijo el hombre. "Soy el comandante del ejército del Señor". ¡Un ángel!

Josué cayó de rodillas. "¿Qué deberíamos hacer ahora?"

El Señor comunicó un plan para derrotar la ciudad en siete días. Primero, el ejército debe marchar alrededor de la ciudad una vez al día por seis días. Los sacerdotes debían llevar el arca del pacto mientras otros siete sacerdotes llevaban trompetas de cuernos de carnero.

El séptimo día fue diferente. Esta vez, marcharon alrededor de la ciudad siete veces, y en la sétima vez, tocaron las trompetas y gritaron. ¡En ese momento los enormes muros querodeaban a Jericó se derrumbaron y el ejército entró corriendo!

Solo perdonaron a Rajab y a su familia, quienes marcaron su ventana con un trozo de cordón rojo. Quemaron la ciudad y tomaron la plata y el oro, poniéndolos en el Tesoro del Señor. Nada debía ser guardado por ninguna persona. Esa fue la orden directa de Dios.

Pecado en el campamento (JOSUÉ 7-8)

Desconocido para todos excepto para Dios, un hombre llamado Acán tomó algunos artículos de Jericó y los escondió debajo de su tienda. Cuando llegó el momento de derrotar a su próximo enemigo, Hai, los israelitas estaban muy confiados de su victoria sobre Jericó que decidieron enviar sólo unos pocos miles. ¡Ellos gritaron de miedo!

Josué clamó a Dios: "¿Por qué sucedió esto?" Dios dijo que alguien pecó en su campamento y se quedó con algunos artículos preciosos de Jericó. El Señor guió a Josué, familia por familia, hasta que todo se redujo a Acán.

Josué le gritó: "¿Acán, por qué has hecho esto?"

Acán gritó: "Vi esta hermosa túnica y todas estas monedas. ¡Debía tenerlos!"

Los artículos fueron entregados y Acán y su familia recibieron su sentencia . . . muerte por lapidación. Los israelitas no podían permitir que nadie pecara por sus propias razones egoístas en un momento tan crítico de su historia.

El ejército israelita regresó a Hai y esta vez ganó fácilmente. Josué construyó un altar para alabar al Señor. Él leyó en voz alta las palabras de la ley a todos los israelitas.

El día más largo (JOSUÉ 9-12)

Dios dejó muy en claro que los israelitas no podían hacer un trato con ninguno de los enemigos que vivían en este territorio. Esta era la tierra de Dios, y solo su pueblo iba a vivir en ella.

Los pobladores de Gabaón idearon un plan engañoso. Fingieron viajar desde una gran distancia. Hicieron que sus ropas parecieran sucias y sus zapatos gastados. Empacaron sus bolsas con comida seca y mohosa. Cuando se acercaron a los israelitas, dijeron que eran de una tierra lejana y les preguntaron si podrían hacer un trato. Después de inspeccionar todas sus cosas, los israelitas estuvieron de acuerdo y firmaron un tratado para dejarlos vivir.

Dios no estaba feliz y les reveló el engaño. "¿Por qué no me preguntaste primero? ¡Estos son los gabonitas, quienes viven en estas tierras!"

Los israelitas aprendieron la lección: primero pregúntale a Dios antes de hacer cualquier cosa. Dejaron vivir a los gabonitas, pero los hicieron sus esclavos.

Otros reyes no fueron tan astutos y trataron de atacar a los israelitas. Varios reyes se unieron y formaron un súper ejército, luego marcharon hacia Josué y su ejército. Pero Dios les dijo a los israelitas que no tuvieran miedo. "Yo ya los he puesto en tus manos".

La batalla fue rápida y poderosa. Dios incluso arrojó grandes piedras de granizo sobre el ejército recién creado, matando a muchos de los enemigos. Luego, Josué oró para que el sol se detuviera mientras ellos se vengaran de sus enemigos. Dios lo escuchó y retrasó la puesta del sol durante un día completo. ¡Nunca había pasado algo así, cuando Dios escuchó a una persona!

Los reyes que se unieron fueron asesinados, seguidos por todas las ciudades del sur de Israel. Josué y el ejército de israelitas lo estaban haciendo consecutivamente. No dejaron sobrevivientes, derribando todo fácilmente, tal como Dios les pidió que lo hicieran. Entonces Josué y su ejército se trasladaron al norte, derrotando los ejércitos de allí. Nadie pudo detenerlos. Victoria tras victoria. En total, treinta y un reyes perdieron ante los israelitas.

División de los territorios (JOSUÉ 13-24)

Josué ya era muy anciano, y era hora de dividir toda la tierra entre las tribus para que pudieran establecerse y hacer sus hogares. Los rubenitas, gaditas, y la tribu de Manasés regresaron a sus tierras al otro lado del Jordán. Los levitas, por supuesto, no tenían tierra, ya que su trabajo era concentrarse en el templo, pero consiguieron ciertas ciudades por todo Israel donde podían vivir.

Josué y Caleb, debido a su fe durante el incidente del espionaje hace más de cuarenta años, obtuvieron su propia parcela de tierra. Caleb, a sus ochenta y cinco años, tomó una porción de tierra conocida como Hebrón, peleando contra los anacitas (hombres grandes) y los expulsó. ¡Era un viejo muy fuerte!

Todas las otras tribus obtuvieron porciones de la tierra de Israel, pero algunos no expulsaron por completo a todos sus enemigos. Esto resultaría ser un problema más adelante. Un área problemática fue la ciudad controlada por los jebuseos en el territorio que recibió Judá. La ciudad que no pudieron conquistar se llamó Jerusalén.

Pero por ahora, había paz ya que todos finalmente se establecieron en la tierra que Dios les prometió cuando sus antepasados vivían en Egipto.

Josué, como Moisés antes de él, dio un discurso de despedida al pueblo. Hizo un llamado al pueblo a que sea fuerte y valiente, a amar al Señor su Dios, a seguir todas las reglas y recordar las promesas de Dios. Él hizo hincapié claramente en temer al Señor y servirle. Josué les dijo a todos los líderes que decidieran, de una vez por todas, si deberían seguir a Dios o no y dejar la indecisión.

Josué dijo, "Por mi parte, mi familia y yo,
¡Serviremos al Señor!"

Josué murió a los 110 años. Fue uno de los últimos que recordaba Egipto y vivió la experiencia del desierto. Fue sepultado en Israel, al igual que José, cuyos huesos habían sido traídos de Egipto, de acuerdo con su último deseo.

Todos se instalaron en sus lugares, pero necesitaban una cosa: un líder como Moisés o Josué. Sin uno, el pueblo rápidamente se olvidó de Dios.

¿CUÁLES SON LAS IDEAS PRINCIPALES EN ESTE CAPÍTULO?

- Solo puedes ser fuerte y valiente cuando sabes que Dios está a tu lado y te está dirigiendo.
- No intentes ocultar tus pecados. Podrías estar hiriendo a otras personas sin saberlo.
- Tus pecados no te descalifican para ser usado por Dios.
- Tendrás que decidir un día si tu casa le servirá al Señor.

7

Héroes (y perdedores)

JUECES; RUT

¿QUIÉN ES QUIÉN?

- **Aod**—el personaje bíblico favorito de los zurdos.
- **Débora**—la única mujer juez.
- **Gedeón**—un valiente guerrero que no sabía que era un valiente guerrero.
- **Jefté**—un hombre que habló demasiado pronto.
- **Sansón**—el hombre más fuerte de la Biblia, que obtuvo su fuerza de su cabello.
- **Rut**—una gentil que fue la bisabuela del rey David y del linaje de Cristo.

¿DÓNDE ESTAMOS?

- **Israel**—algo así como el lejano oeste durante este tiempo.

DATOS INTERESANTES EN ESTA SECCIÓN

» En este libro un juez no se sentaba en un tribunal con un mazo y gritaba "¡orden en el tribunal!". Un juez era alguien que dictaba "sentencia" contra alguien, como un comandante de un ejército que derriba a un enemigo. Sin embargo, los jueces no eran solo comandantes militares. Se esperaba que fueran ejemplos y líderes espirituales. Todos los jueces fracasaron, excepto Débora y Samuel.

» El libro de Jueces abarca unos cuatrocientos años; ¡lo cual tiene más tiempo que la existencia de los Estados Unidos!

El ciclo (JUECES 1-2)

Después de Josué, no hubo ningún líder llamado a dirigir la nación. En su lugar, se nombraron jueces para dirigir cada tribu. Esto significó que, en lugar de trabajar juntos, las tribus trataron de liderar por su cuenta. Esto fue un desastre. Sin lealtad entre ellas, las tribus pasaban continuamente por ciclos de rebelión contra Dios, opresión por parte de otras naciones, liberación por parte de un juez y un período de descanso. Era obvio que las tribus necesitaban un líder que las unificara en una sola nación; cerca del final de este período, las tribus buscaban desesperadamente un rey.

Además, la generación que sirvió a Josué y conoció al Señor murió y fue reemplazada por otra generación que no conocía tanto al Señor. Sus padres no hicieron un buen trabajo inspirándolos a ser seguidores de Dios, y el pueblo comenzó a servir a dioses falsos y a adorar ídolos, como Baal y Astarté.

La historia comenzó a caer en ciclos predecibles. Primero, los enemigos se levantaban y oprimían al pueblo. Entonces el pueblo clamaba a Dios. Dios intervino y los salvó, enviando un juez para derrotar al enemigo. El pueblo alababa a Dios y ¡lo amaba! Pero cuando pasaba el tiempo y el juez moría, el pueblo se olvidaba de Dios y volvía a sus pecados. Fue entonces cuando se levantó otro enemigo y el ciclo se repitió.

Dios se enfadó porque después de todo lo que hizo por esta gente, lo trataron así. Para enseñarles una lección, Él hizo que sus enemigos se volvieran más poderosos.

Otoniel, Aod, Samgar (JUECES 3)

Otoniel fue el primer juez que se ofreció para atacar y capturar la ciudad Quiriat-Sefer. Él era sobrino de Caleb. Otoniel tuvo éxito. Otras tribus, como Benjamín, se esforzaron por expulsar a los jebuseos de Jerusalén. Los enemigos seguían teniendo un punto de apoyo en diferentes partes de Israel.

Después de Otoniel, el pueblo volvió a la maldad, por lo que Dios hizo que Eglón, el rey de los moabitas, subiera al poder, atacando a Israel y tomando Jericó. Eglón gobernó sobre Israel durante dieciocho años. El pueblo clamó a Dios por ayuda.

Dios elevó al poder a un guerrero llamado Aod. ¿Qué

era lo único que tenía? Era zurdo. ¿Por qué era un gran problema? Si se registraba a un hombre en busca de armas, solo se le revisaba la parte interior del muslo izquierdo, porque la mayoría de la gente era diestra. Pero cuando Aod, que era zurdo, pidió reunirse con el rey Eglón para hacerle un regalo, llevó a la reunión una espada de doble filo en la parte interior del muslo derecho.

Una noche, Aod encontró al rey y le dijo: "Tengo un secreto que contarte".

El rey Eglón llevó a Aod a su habitación privada y le dijo: "¿Cuál es el secreto?"

Aod dijo: "¡Esto!" Sacó la espada con su mano izquierda y la clavó en el estómago de Eglón. ¡Sus tripas se derramaron! Aod se escabulló. Los sirvientes de Eglón tocaron la puerta, pensando que el rey estaba en el baño. Cuando no salió, entraron y lo encontraron muerto.

Mientras tanto, Aod llamó al ejército para atacar, y los moabitas cayeron. Gracias a Aod, hubo paz durante ochenta años.

El tercer juez fue un poco misterioso. Se llamaba Samgar, y derribó a seiscientos filisteos con una vara para arrear bueyes e hizo que estos se fueran. ¡Samgar mató a cientos de personas con esta vara puntiaguda!

El poder de las mujeres (JUECES 4-5)

Después de un tiempo, los israelitas volvieron a hacer el mal ante los ojos de Dios, el Señor permitió que el rey Jabín de los cananeos gobernara sobre ellos. Su ejército tenía novecientos carros de hierro, y se apoderó de Israel durante veinte años. Sísara era el temido comandante de su ejército.

Débora, una mujer piadosa y valiente, dirigió a Israel cuando fue oprimido por los cananeos. Era a la vez juez y profetisa. Escuchando directamente a Dios, mandó llamar a Barac, el comandante del ejército israelí.

"Dios dice que tomes diez mil hombres y que enfrentes a Sisera. Te daré la victoria".

Barac dudó. "Está bien, pero sólo si vienes con nosotros".

"Claro, iré, pero como dudaste, el honor de Sísara será para una mujer".

Mientras tanto, un hombre llamado Heber instaló su tienda con su esposa, Jael, cerca de Cedes.

Cerca de allí, Sísara preparaba sus ejércitos y sus carros.

Débora dio el visto bueno, y Barac atacó a Sísara con un golpe tan contundente, que Sísara saltó de su carro y corrió por su vida. Sin aliento, encontró una tienda cerca de Cedes, propiedad de Héber.

Sísara cayó al suelo y pidió agua. La esposa de Heber, Jael, le ofreció leche y le pidió que entrara en la tienda. "No tengas miedo", le dijo Jael.

Lo cubrió mientras él se tumbaba en el suelo. Cuando se durmió, Jael cogió un martillo y una estaca de la tienda y se la clavó en el cráneo. Una mujer derrotó al gran líder militar tal y como dijo Débora.

Débora escuchó la noticia y entonó una gran canción con Barac. La canción alababa a Dios. La tierra estuvo en paz durante cuarenta años.

Gedeón, el grande (JUECES 6-9)

Como no podía ser de otra manera, al pasar esos cuarenta años, los israelitas volvieron a caer en pecado. Dios decidió permitir que los madianitas tomaran el control. Las cosas se pusieron tan mal, que los israelitas se escondieron en cuevas y llanuras porque los madianitas pasaron y tomaron todo lo que pudieron. Nadie podía quedarse con nada porque los madianitas llegaban en sus camellos como miles de langostas y despojaban al pueblo.

Una noche, un granjero llamado Gedeón estaba trabajando cuando un ángel se presentó y dijo: "¡El Señor está contigo, poderoso guerrero!".

Gedeón miró a su alrededor, preguntándose a quién se dirigía este ángel. "¿Me estás hablando a mí?"

El ángel le dijo a Gedeón que había sido elegido para derrotar a los madianitas. Gedeón dudaba de que todo esto fuera cierto, así que pidió una señal. Pero primero preparo una ofrenda el Señor: una cabra y pan.

El ángel le dijo a Gedeón que pusiera la ofrenda sobre una roca, y entonces zas, el fuego surgió de la roca y consumió la comida. El ángel desapareció.

Gedeón dijo: "Sí, definitivamente fue el Señor".

Esa noche, el Señor le dijo a Gedeón que derribara el altar que fue construido por su padre para Baal, y la leña del poste de Aserá, y que construyera un altar apropiado para Dios.

Gedeón lo hizo por la noche. Por la mañana, cuando todos se despertaron, vieron lo sucedido y se dieron cuenta de que Gedeón lo había hecho. Estaban furiosos. Querían castigarlo y fueron a la casa del padre de Gedeón. Su padre salió y les dijo: "Oye, si Baal es tan fuerte que se defienda". La gente se alejó.

Un súper ejército de madianitas, amalecitas y otras naciones comenzó a formarse para devastar a Israel. El Espíritu del Señor llamó a Gedeón a la batalla, pero Gedeón quería asegurarse de que era la persona ade-

cuada y de que era el momento adecuado.

“Si soy yo quien quiere salvar a Israel, entonces voy a tender un vellón de lana, y por la mañana si el vellón de lana está mojado, pero la tierra alrededor está seca, entonces sabré qué hacer". Él colocó el vellón lana y sucedió lo que Gedeón le pidió.

Pero Gedeón quería estar muy, muy seguro. Su segunda petición puso de manifiesto su falta de fe. Debería haber confiado en Dios la primera vez. "Pondré de nuevo un vellón de lana, y por la mañana si el vellón está seco y la tierra mojada, entonces sabré qué hacer”. A la mañana siguiente ocurrió lo que él pidió.

Con todo confirmado, reunió sus fuerzas, 32,000 hombres.

Dios le dijo a Gedeón: "Son demasiados hombres. La gente pensará que tu número ganó la guerra y no yo. Así que cuéntale al ejército que, si alguien tiene miedo, puede irse a casa". Gedeón lo hizo, y 22,000 se fueron. Quedaron diez mil.

A Dios no le gustaron los números. "Son demasiados. Separa a los que se arrodillen para beber agua de los que lamen el agua como un perro". Gedeón llevó a su ejército a un río y los volvió a separar. Sólo trescientos bebieron agua llevándola con la mano a la boca. Dios estaba complacido.

Gedeón repartió trompetas, cántaros y antorchas (no arcos, flechas y lanzas). "Síganme", dijo, y el ejército se coló de noche en el campamento madianita.

Todos pusieron sus antorchas en los cántaros, y cuando recibieron la señal, todos tocaron sus trompetas y rompieron los cántaros, revelando las antorchas. Esto asustó al ejército madianita, y comenzaron a apuñalarse los unos a los otros con sus propias espadas, confundidos. Gedeón era realmente un poderoso guerrero.

Gedeón mantuvo la paz en Israel durante cuarenta años, pero el pueblo volvió a los baales, los mismos altares que Gedeón derribó.

Abimeléc, el hijo de Gedeón, trató de sustituirlo, pero fue un perdedor. Una mujer dejó caer una piedra de molino sobre su cabeza, matándolo, por lo que no llegó a gobernar.

Seis jueces más (JUECES 10-12)

Algunos de los jueces que Dios designó tienen historias increíbles. De otros sabemos muy poco.

Por ejemplo, Tola gobernó durante veintitrés años y

Jair gobernó durante veintidós años. Fueron eficaces en todo lo que hicieron y como lo hicieron.

Como siempre, los israelitas volvieron a sus malos caminos, sirviendo a dioses sin sentido de otras naciones. Finalmente se encontraron esclavos de otras naciones, no solo esclavos de sus dioses. Dios escuchó su clamor y respondió de nuevo levantando un héroe improbable.

A los hermanos de Jefté no les gustaba porque era hijo de una prostituta, así que lo echaron. Después de ser expulsado, organizó una banda de delincuentes. Entonces, cuando la tribu se esforzó por encontrar un líder para luchar contra los amonitas, se dieron cuenta de que Jefté era el mejor.

"¿Quieres ser nuestro jefe?", le preguntaron a Jefté. "¿De verdad? ¿Me van a echar de nuevo cuando gane?" respondió él.

"¡No, haremos lo que tú digas!"

Jefté aceptó y dirigió el ejército. Envió un mensaje a los amonitas, advirtiéndoles que Dios estaba de su lado. No les importó.

El Espíritu del Señor llenó a Jefté. Podía sentir el poder, pero hizo una promesa apresurada. "Dios, si nos ayudas a ganar, ¡sacrificaré lo primero que salga por la puerta de mi casa a recibirme!" Eso no fue muy inteligente.

Jefté y su ejército devastaron veinte ciudades y vencieron a los amonitas.

Luego regresó a casa, y su hija fue la primera que salió corriendo de la casa para saludarlo. Jefté recordó su promesa. Estaba triste. Su hija era valiente y no quería que su padre cayera en desgracia ante Dios. Ella celebró su victoria y le permitió seguir adelante para honrar a Dios. Ella es un ejemplo de otra mujer piadosa durante el tiempo de los jueces.

Jefté lideró durante seis años.

Otros tres jueces gobernaron en diferentes momentos: Ibzán, Elón y Abdón. Algunos jueces gobernaron haciendo que muchos hijos e hijas trabajaran juntos como una familia, confiando los unos en los otros.

Dios los usó a todos, pero ninguno fue más famoso, más temible y más poderoso que Sansón.

El hombre más fuerte de la historia (JUECES 13-15)

Ya conoces la historia. El Señor se enfadó con los israelitas porque volvieron a sus malas costumbre. ¡Esta vez los filisteos tomaron el control durante cuarenta años! Pero esta vez Dios tenía en mente un juez especial.

Había un hombre llamado Manoa, y él y su esposa no podía tener hijos. Un ángel se presentó y les dijo que tendrían un hijo, pero les pidió que se aseguraran de que este niño nunca bebiera vino, nunca tocará algo impuro y nunca se cortará el cabello. Todo ello formaba parte de un voto de nazareo. Dio a luz y llamaron al niño Sansón.

Sansón creció y se "enamoró" de una mujer que era filistea.

A sus padres no les gustó su elección de mujer, pero Dios lo utilizó para que Sansón derrotara a los filisteos. Sansón se casó con la muchacha.

El Espíritu del Señor vino sobre él y fue fuerte. Una vez, partió un león por la mitad. En otra ocasión, hizo una apuesta para que nadie pudiera acertar su adivinanza, y cuando lo hicieron, le quitó la ropa a un grupo y se la dio a otro.

Sansón se unió a las filas de Isaac, Juan el Bautista y Jesús, cuyos nacimientos fueron anunciados.

El suegro de Sansón entregó a su mujer a otro hombre cuando pensó que Sansón ya no la amaba.

Sansón enloqueció. Atrapó trescientos zorros, los ató de dos en dos con una antorcha entre ellos y los soltó en los campos filisteos. Todas sus cosechas se quemaron.

Cuando los filisteos vinieron a apresar a Sansón, éste se zafó de las cuerdas y mató a mil hombres con la quijada de un burro. Violó su voto de nazareo al tocar algo muerto e impuro. Un grupo de hombres de Gaza esperaba capturar a Sansón, pero éste, en cambio, arrancó las puertas de la ciudad y las llevó lejos, a Hebrón.

De Gaza a Hebrón hay treinta y siete millas. Las puertas de la ciudad pesan al menos una tonelada en total o cada una.

El espeluznante secreto de Sansón (JUECES 16)

Los filisteos ofrecieron una recompensa por la captura de Sansón; pidieron a su novia, Dalila, que los ayudara.

Dalila le pidió a Sansón que le contara el secreto de su fuerza. Le rogó una y otra vez, hasta que Sansón empezó a contarle mentiras para divertirse. Pero tras varias mentiras y varios intentos de los filisteos por capturarlo, Sansón finalmente le contó la verdad a Dalila: "¡Si me cortas el pelo, perderé mi fuerza!"

¡Así lo hizo! Una vez que le cortaron el pelo a Sansón, su fuerza desapareció y los filisteos lo dominaron. Le quitaron los ojos y le hicieron moler grano.

Satisfechos con la conquista de Sansón, los filisteos decidieron llevarlo a un templo para burlarse de él. Pero lo que no sabían era que a Sansón le volvía a crecer el pelo y recuperaba la fuerza.

Sansón entró al templo y habló con un niño, pidiéndole que pusiera sus manos en las columnas que sostenían el templo. Oró pidiendo la fuerza de Dios y empujó con todas sus fuerzas.

El templo se derrumbó, matando a Sansón y a miles de filisteos. Este acto final calmó a los filisteos y trajo la paz a Israel. Sansón había juzgado a Israel durante veinte años.

Un final no muy feliz (JUECES 17-21)

Israel continuó girando fuera de control. Dios no levantó más jueces después de Sansón. El pueblo no pudo aprender la lección.

Hermano contra hermano. El pueblo adoraba a los ídolos y comenzó a cometer crímenes sin ninguna culpa. Las cosas se pusieron tan mal, que una mujer fue atacada por un grupo de hombres en la ciudad de Guibeá. Cuando todas las demás tribus se enteraron, castigaron a Guibeá y a la tribu de Benjamín.

Entonces todos se sintieron mal por haber herido a la tribu de Benjamín, y se cometió un error tras otro. Las tribus se dividieron.

El problema: En aquellos días, no había rey y cada uno hacía lo que quería, sin pedir nunca consejo a Dios.

Dios empezó a arreglar todo eso.

El bebé de Rut (RUT)

Durante la época de los jueces, hubo una hambruna, y un hombre Elimelec de Belén, se llevó a su mujer, Noemí, y a sus dos hijos a Moab, donde la hambruna no era tan grave. Vivieron allí mucho tiempo, hasta que sus hijos se casaron con dos moabitas, cuyos nombres eran Orfa y Rut.

Lamentablemente, Elimelec y sus dos hijos murie-

ron, dejando a Noemí como viuda, por lo que decidió regresar a su casa en Belén. Ella le dijo a sus dos nueras que podían volver a Moab; no tenían que quedarse.

Orfa se despidió de Rut con un beso, pero Rut quería quedarse. "Tu casa es mi casa", declaró Rut. Noemí la llevó a Belén. Las cosas serían difíciles para estas dos viudas solas.

Rut salió a recoger grano de un campo, propiedad de un pariente lejano de Noemí, Booz, que era del linaje de Judá. Booz se mostró amable con Rut y se aseguró de que estuviera protegida mientras recogía. Había oído hablar de ella, ya que no era habitual que alguien se quedara al lado de su suegra una vez muerto su marido. Por eso, Booz hizo cosas buenas por Rut.

Noemí vio una oportunidad para que Rut se casara con Booz y la hiciera parte de la familia de nuevo. Noemí le dio a Rut algunos consejos amorosos que Rut hizo, y ahora que Booz sabía que Rut estaba interesada en él, la persuadió.

Una vez que hicieron algunos trámites legales, Booz se casó con Rut. Todo el pueblo quedó impresionado por la devoción de Rut a Noemí y a los israelitas.

Rut y Booz tuvieron un hijo llamado Obed. Más tarde, Obed se casó y tuvo varios hijos, uno de ellos llamado Isaí, que luego también tuvo hijos.

Todas estas personas están en la geneología de Jesús. Aunque no lo sabían en ese momento, ¡serían muy importantes para traer un salvador al mundo!

Uno de ellos fue un niño llamado David. Rut fue la bisabuela de David, que se convertiría en el futuro rey de Israel.

Dios estaba trabajando para dar una solución al problema del pecado de Israel.

¿CUÁLES SON LAS IDEAS PRINCIPALES EN ESTE CAPÍTULO?

- También caemos en ciclos de amar a Dios, ignorarlo, meternos en problemas, luego pedir su ayuda y volver a recurrir a Él.
- Nuestra fuerza no está en nuestro cabello, músculos, apariencia o habilidades. Nuestra fuerza está en nuestra relación con Dios.
- Nuestro trabajo no es juzgar, pero Dios puede usarnos para mostrar a la gente que no está contenta con ellos.
- Dios te usará de forma única para completar su plan.

8

Surge un Reino

1 SAMUEL; 1 CRÓNICAS 10

¿QUIÉN ES QUIÉN?

- **Ana**—la dulce mamá de Samuel.
- **Samuel**—el último juez (y también profeta como Débora) al que Dios tenía en sus manos desde que era un niño.
- **Saúl**—la gente alta y guapa no siempre son los mejores reyes.
- **David**—un pastor super estrella y experto en lanzar piedras.
- **Goliat**—cuanto más grande es, más fuerte es la caída.

¿DÓNDE ESTAMOS?

- **Silo**—actualmente donde se encuentra el arca del pacto.
- **Belén**—Pueblo natal de David.
- **Gat**—Pueblo natal de Goliat.

DATOS INTERESANTES EN ESTA SECCIÓN

» Dios planeaba dar a Israel un rey, pero no como a otras naciones. El rey de Israel debía gobernar como un siervo que confiara en Dios, no en su ejército, y no se volviera codicioso de dinero y poder. Debía ser totalmente diferente a los reyes de las naciones paganas.

» Primera y segunda de Samuel eran un solo rollo, pero era tan grande que los compiladores de la Biblia lo convirtieron en dos libros.

» Ungir a alguien con aceite era simplemente un acto de verter aceite en la cabeza de alguien. La intención era mostrar el favor o la aprobación de Dios, dado que la vida de las personas estaba cubierta por Dios.

» Un escudero actuaba como un caddie para un golfista. Llevaban las armas necesarias para el soldado, pero también podían saltar a la lucha si era necesario.

» El libro de Samuel es uno de los dos únicos libros que mencionan el queso (el otro libro es Job).

» La altura de Goliat estaba entre los dos metros y los dos metros y medio. Era grande, pero lento.

Samuelito, el hombre (1 SAMUEL 1-3)

Un hombre llamado Elcana tenía una dulce esposa llamada Ana que no tenía hijos. Ella oraba constantemente para que pudiera tener un hijo.

Mientras tanto, el arca se encontraba en un lugar llamado Silo, un lugar de descanso temporal. Dos sacerdotes dirigían el lugar: Ofni y Finees, hijos de Elí. Eran malvados y se llevaban los mejores sacrificios para comer.

Ana visitó Silo para orar y, en su profunda tristeza, comenzó a llorar, su cuerpo temblaba violentamente. Elí la observaba. Era inusual ver a alguien tan apasionado por el Señor. Elí la bendijo y ella se fue a casa.

Más tarde, ¡Ana y su marido tuvieron un hijo! Ana estaba emocionada y llamó a su hijo Samuel, que significa "Dios escuchó". Después de dedicar al bebé según las normas judías, Ana decidió que cuando Samuel cumpliera tres años, se lo entregaría al Señor, literalmente. Ana dejó al niño en Silo para que trabajara con Elí.

Ofni y Finés eran odiados por los lugareños y por Dios. Samuel, sin embargo, era un buen chico. Ana le hizo un pequeño traje de sacerdote y durante años sirvió fielmente, mejor que los hijos de Elí.

Un hombre se presentó y dio una profecía. Dijo que los hijos de Elí morirían el mismo día y Dios presentaría un sacerdote adecuado. Esto era inusual porque Dios no estaba realmente hablando con el pueblo.

Una noche, el pequeño Samuel intento dormir, pero una voz lo llamó: "¡Samuel!" Samuel entró en la habitación de Elí y le preguntó qué quería.

Elí no le había llamado. Esto sucedió dos veces más hasta que Elí se dio cuenta de lo que estaba pasando. Dios estaba llamando al niño. Elí dijo: "Cuando oigas la voz, di: 'Habla, que tu siervo te escucha'".

Samuel escuchó la voz y dijo lo que Elí le dijo que dijera. El Señor le respondió: "Estoy a punto de hacer algo sorprendente en Israel. También llevaré a cabo un castigo contra Elí por cómo él y sus hijos han tratado a mi casa".

Elí llamó a Samuel y le preguntó qué había dicho el Señor. Samuel no mintió.

Elí comprendió cuando escuchó la noticia. "Es el Señor, que haga lo que mejor le parezca".

¡El arca ha desaparecido! (1 SAMUEL 4-7)

Los israelitas intentaron luchar contra los filisteos, pero no pudieron contenerlos. Entonces los israelitas tuvieron una idea: Querían llevar el arca a la batalla para ver si eso les ayudaba a ganar. No fue así. De hecho, los filisteos capturaron el arca y se la llevaron.

Los dos hijos de Elí murieron cuando se llevaron el arca. Alguien corrió a la ciudad y se lo contó a Elí. Cuando se enteró de que sus hijos habían muerto, Elí, que era viejo y muy gordo, se cayó de su silla y se rompió el cuello. Todo el linaje de la familia fue aniquilado en un solo día.

Ahora que los filisteos tenían el arca, empezaron a ocurrirles cosas extrañas. Pusieron el arca en el templo de sus dioses, pero por la mañana, sus ídolos yacían de cara al arca, con la cabeza y las manos rotas. Entonces la gente empezó a tener tumores. Entendieron el por qué: ¡fue el arca!

Devolvieron el arca a los israelitas en un carro jalado por dos vacas. También se incluyeron regalos de oro para este Dios que tenía tanto poder. Algunas personas miraron dentro del arca o la tocaron y fueron asesinados. Todos se olvidaron de tratar el arca con respeto.

Los israelitas se regocijaron cuando el arca regresó. La pusieron en la casa de un hombre llamado Abinadab. Toda su casa prosperó mientras el arca estuvo allí.

Samuel, ahora sacerdote y líder de Israel, le pidió a la nación que volviera a Dios y le encomendara sus caminos. Estuvieron de acuerdo y comenzaron a derrotar a los filisteos cada vez que podían.

¿Quién quiere ser rey? (1 SAMUEL 8-15)

Luego, no había buenos líderes entre los israelitas, y Samuel estaba envejeciendo. Los israelitas miraron a otras naciones y vieron que tenían reyes, así que dijeron: "Nosotros también queremos un rey".

Samuel les dijo que los reyes pierden el control, se vuelven codiciosos y hacen la vida difícil si se les da mucho poder. Los reyes son sólo personas; también tienen defectos. Cobran muchos impuestos y te roban tus hijas. Aun así, el pueblo dijo: "Como sea, ¡todavía queremos un rey!

Había un hombre llamado Saúl, de la tribu de Benjamín. Era alto y guapo. Los burros de su padre se habían perdido y Saúl fue a buscarlos. El sirviente de Saúl había mencionado que había un profeta que vivía cerca. Tal vez él podría decirles dónde estaban los burros.

Mientras tanto, Dios le habló a Samuel y le dijo: "Hay un joven que viene a verte y va a ser el rey de Israel". Samuel estaba preparado. Cuando Saúl llegó, hablaron de las grandes cosas que Dios iba a hacer a través de Saúl. (Y, sí, encontraron los burros).

El Espíritu de Dios entró en Saúl y comenzó a profetizar. Samuel reunió a todos los jefes de las tribus para una votación. Saúl fue elegido como rey, pero se había escondido, porque tenía miedo. Lo sacaron y el pueblo gritó: "¡Viva el rey!".

Saúl demostró que era digno de ser rey al dirigir un ejército para salvar un lugar llamado Jabes de Galaad, cautivo por los amonitas. Cuando ganó el conflicto, el pueblo lo confirmó como rey.

Ahora había un nuevo tipo de líder en ese lugar, un rey, no un profeta, juez o sacerdote, así que Samuel se hizo a un lado. Les advirtió sobre los problemas de un rey, y luego dijo que realmente se trataba de que cumplieran los mandatos del Señor. Saúl oró por la nación.

Pasado un tiempo, Saúl se preparó para luchar contra los filisteos con su hijo Jonatán. Samuel le dijo que lo esperara y que, como sacerdote, ofrecería un sacrificio a Dios. Como Samuel no apareció, Saúl hizo el sacrificio él mismo, algo que solo debe hacer un sacerdote. Samuel llegó y vio lo que Saúl había hecho. Le dijo: "Tu reino fracasará. Dios ha encontrado un hombre según su propio corazón".

Dirigidos principalmente por Jonatán, los israelitas ganaron victorias contra los ejércitos filisteos. Las cosas entre padre e hijo se enfriaron, con muchos desacuerdos. Saúl no escucharía a Dios. En una ocasión, Dios le pidió a Saúl que matara todo lo que vieracuando atacó a Agag, rey de los amalecitas. Saúl perdonó a las ovejas. Cuando Samuel lo atrapó, confirmó que Saúl perdería su reino.

Saúl sabía que había pecado. Samuel no volvió a visitarlo.

Era hora de un nuevo rey. Entró el mejor rey que jamás tuvo Israel.

David, el asesino del gigante (1 SAMUEL 16-17)

Dios le dijo a Samuel que fuera a Belén. Allí, Samuel encontraría al rey elegido por Dios. Cuando Samuel llegó, Dios le dijo que no juzgara al rey por su apariencia o su estatura, porque Dios no elige a las personas de la misma manera que la gente. Dios dijo: "Yo miro el corazón".

Un hombre llamado Isaí tenía siete hijos, y Samuel pidió verlos a todos. Uno por uno, pasaron por delante de Samuel.

Ninguno de ellos era el elegido por Dios. "¿Son todos tus hijos?" preguntó Samuel. Isaí respondió: "Hay uno más. El más joven. Pero hoy está trabajando en los campos como pastor".

"Tráelo", dijo Samuel. Cuando David llegó, Samuel supo que era el elegido. Samuel ungió a David con aceite, y el Señor llenó el corazón de David.

Al mismo tiempo, el Espíritu de Dios abandono a Saúl, dejándolo abierto a un espíritu maligno que lo atormentaba. Tuvo arrebatos de ira, pero sus sirvientes pensaron que la música lo ayudaría. Sucedió que David tocaba la lira y fue contratado para calmar a Saúl. A Saúl le cayó bien y lo ascendió a escudero.

Por aquel entonces, los filisteos se enfrentaron a un

ejército de élite de Israel en el Valle de Elá. Su mejor guerrero, Goliat, salió a desafiarlos. Era más alto, más grande y más malo que cualquier luchador profesional o estrella de basquetbol. Su oferta era esta: una batalla uno a uno, el ganador se lleva todo. Cualquiera que pueda vencer a Goliat gana la guerra.

Nadie dio un paso adelante. Estaban detenidos. Saúl incluso ofreció la mano de su hija en el trato. ¡El ganador sería el hijo de un rey! Y no pasaba nada.

David se presentó para entregar grano, queso y pan a sus valientes hermanos del ejército y se enteró del desafío. Escuchó a Goliat decir cosas terribles sobre Dios. David dijo: "Lucharé contra él".

Todos se rieron. El rey Saúl no podía creerlo. ¿Van a arriesgar todo por un pequeño pastor?

David expuso su caso. "He matado leones y osos con mi honda. Puedo acabar con este tipo". David dejó a un lado la armadura que suelen llevar los soldados, confiando en cambio en que Dios lo protegería. Reunió cinco piedras en su arsenal y salió.

Esta vez Goliat se rió. Pero David hablaba en serio. "Tú tienes todas estas armas, pero yo vengo a ti en nombre del Señor. Te derribaré y te cortaré la cabeza".

Entonces David enfrentó a Goliat, cargando su honda con la primera y única piedra que necesitaría. La piedra voló por el aire y, antes de que Goliat supiera lo que pasó, la roca se incrustó en su frente, matándolo al contacto. David sacó su espada y le cortó la cabeza a Goliat, tal como había dicho. La multitud enloqueció y los israelitas ahuyentaron a los filisteos. David se convirtió en un gran héroe, más grande de lo que nunca fue Saúl.

Un rey celoso (1 SAMUEL 18-24)

A Saúl no le gustaba que el pueblo amara a David más que a él. Gritaban que Saúl podría haber matado a miles de personas, pero que David había matado a diez mil. Incluso el hijo de Saúl, Jonatán, amaba a David. Estos celos se apoderaron completamente de Saúl y le provocaron ataques de ira que David trató de calmar con música. Saúl solo le lanzaba lanzas.

A David le ofrecieron la hija de Saúl, Mical, en matrimonio. David salió y mató a otros doscientos filisteos como pago por su mano.

La dinámica familiar se volvió muy incómoda. David era el yerno del rey Saúl, pero éste le contó a su hijo Jonatán-también mejor amigo de David- que matara a David. David huyó y se escondió por todo el país.

Durante este tiempo, David y Jonatán se acercaron,

reuniéndose en secreto. Cuando Saúl se dio cuenta de que a Jonatán le agradaba más que a él, intentó matar a Jonatán.

David reunió un ejército de expertos combatientes, que lucharon contra los enemigos de Israel y protegieron al hombre que creían que debía ser rey. Durante ese tiempo, David se hizo amigo de profetas y sacerdotes, pero algunos murieron por orden de Saúl debido a su lealtad a David.

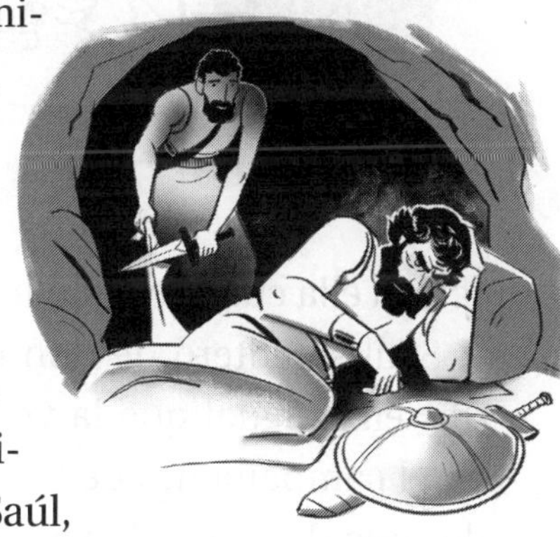

Una vez, mientras Saúl dormía en una cueva, David se acercó a hurtadillas lo suficiente como para matar a Saúl, pero no lo hizo, solo se llevó un poco de su ropa. Una vez a una distancia segura, David gritó: "Mira, tengo pruebas de que estuve a tu lado mientras dormías, pero no te maté". Saúl se arrepintió de su ira, pero más tarde volvería a sentir cólera y daría órdenes de matar a David de nuevo. Saúl estaba hecho un lío.

La caída de Saúl (1 SAMUEL 25-31; 1 CRÓNICAS 10)

Samuel acabo muriendo, dejando un enorme vacío de liderazgo en Israel, especialmente con la pérdida de la razón de Saúl. David siguió recorriendo Israel, huyendo de Saúl. Salvó a una buena mujer llamada Abigail de su malvado marido y acabó casándo-

se con ella cuando su marido murió.

Saúl se enteró de dónde se escondía David y salió tras él. Al igual que la vez en la cueva, David se coló en el campamento de Saúl, tomó la lanza y el cántaro de agua de Saúl, y luego despertó a todos una vez que estuvo a una distancia segura. "Tienes una seguridad terrible, Saúl. Mira lo que tomé. Pero no te he matado. ¿No ves mi lealtad?" Saúl lo vio y llamó a David un hombre bendito por ser tan leal a pesar de los ataques de Saúl.

David tenía una táctica interesante para protegerse de Saúl. Vivía con el enemigo, los filisteos. Saúl nunca lo perseguiría a través de las líneas enemigas. Los filisteos tenían miedo de David (recuerda que mató a Goliat).

Saúl necesitaba consejo, y había oído hablar de una mujer en Endor que hablaba con los muertos. Saúl había expulsado a todos los adivinos, o hechiceros que hablaban con los muertos, pero necesitaba uno ahora mismo. Quería el consejo del difunto Samuel. La adivina trató de hacer contacto de mala gana, pero Dios permitió que sucediera. El espíritu de Samuel le habló a Saúl y no tenía cosas buenas que decir.

"¿Por qué me molestas?" Samuel dijo. "Dios te está quitando tu reino, y mañana tú y tus hijos morirán". Saúl se tumbó en el suelo, procesando la terrible noticia: en veinticuatro horas estaría muerto.

Los filisteos estaban alborotados, al igual que los amalecitas. Mientras David y su ejército luchaban contra los filisteos, los amalecitas invadieron la base de David, Siclag. La quemaron y se llevaron a todas las mujeres y niños, incluidas las esposas de David.

David y un pequeño ejército derrotaron a los amalecitas, rescatando a salvo a las familias de todos.

Los filisteos perseguían a Saúl y mataron a todos sus hijos, incluido Jonatán, el mejor amigo de David. Un arquero disparó una flecha que lo hirió gravemente.

Saúl no quería ser entregado vivo a sus enemigos (una rendición deshonrosa para un soldado), así que le pidió a su escudero que lo matara. El escudero no pudo hacerlo, así que Saúl se levantó y cayó sobre su espada. La profecía de Samuel se hizo realidad: Saúl y sus hijos estaban muertos.

Los filisteos cortaron la cabeza de Saúl y lo despojaron de su armadura. Lo expusieron todo en el templo de su dios, atribuyendo a su falso dios el mérito de la victoria. Un grupo de israelitas de Jabes de Galaad se llevó los cuerpos de Saúl y sus hijos y les dio una sepultura adecuada.

El reinado de Saúl había terminado. El reinado de David estaba a punto de comenzar.

¿CUÁLES SON LAS IDEAS PRINCIPALES EN ESTE CAPÍTULO?

- Ten cuidado de a quién haces tú jefe. Dios debe ser el primero al que escuches.
- La fe vence a los gigantes. Si Dios está de tu lado, nadie puede vencerte.
- Dios elige a las personas más insólitas para liderar.
- No intentes ser el jefe, deja que Dios te establezca como tal.

9

Los Principales Reyes

2 SAMUEL; 1 REYES 1–11; 1 Y 2 CRÓNICAS

¿QUIÉN ES QUIÉN?

» **David**—uno de los más grandes reyes de todos los tiempos, pero no era perfecto.

» **Betsabé**—debe tener cuidado con el lugar donde se baña.

» **Natán**—un profeta que tuvo que decirle al rey que estaba equivocado.

» **Salomón**—un hombre realmente sabio.

¿DÓNDE ESTAMOS?

» **Jerusalén**—oficialmente la actual capital de Israel.

DATOS INTERESANTES DE ESTA SECCIÓN

» David captura Jerusalén y la convierte en la capital de Israel.

- Los primeros diez hijos de David incluyen (en orden): Amón, Daniel, Absalón, Adonías, Sefatías, Itreán, Samúa, Sobab y Natán, Salomón.
- Entre los poderosos guerreros de David se encontraban Jasobeam, Eleazar, Abisaí, Amasay, Benaía y otros. Un total de treinta alcanzaron ese estatus en el ejército de David.
- » Se decía que los guerreros gaditas tenían el rostro de los leones y la rapidez de las gacelas.
- » David tenía administradores a cargo de los camellos, los asnos e incluso el aceite de oliva.
- » Salomón se llamaba originalmente Jedidías.

¡Larga vida al Rey! (2 SAMUEL 1-5; 1 CRÓNICAS 11:1-9, 14)

Mientras David luchaba contra los amalecitas, un hombre entró a tropiezos para darle a David la noticia.

"Saúl y su hijo Jonatán han muerto".

David se rasgó las vestiduras de angustia. Su rey y su mejor amigo habían muerto. David, un compositor, escribió una triste canción para explicar su dolor.

Una vez terminado el tiempo de luto, David se dirigió a una ciudad llamada Hebrón, donde los habitantes lo ungieron como rey. Fue rey de Hebrón durante siete años y seis meses.

Durante ese período, estallaron pequeñas peleas entre los soldados leales a Saúl y los leales a David. En las peleas muchos murieron. La mayor parte de la familia de Saúl fue asesinada. Solo Mefiboset, hijo de Jonatán sobrevivió. Pero se cayó durante una huida y sus dos pies quedaron discapacitados.

Cuando las batallas llegaron a su fin, todas las tribus de Israel llegaron a un acuerdo: ¡David era su próximo rey! En ese momento tenía treinta años.

Los jebuseos vivían en Jerusalén, una ciudad en lo alto de una colina. David logró conquistarlos y se apoderó de la fortaleza. Le gustó la ciudad; llego a ser conocida como la Ciudad de David. Vivió en la fortaleza con toda su familia mientras se iniciaba la construcción de su actual palacio. Jerusalén se convirtió en la capital de Israel. Mientras tanto, David ganaba una victoria tras otra, venciendo a los filisteos.

Un nuevo día (2 SAMUEL 6-10; 1 CRÓNICAS 13-19)

Finalmente, el arca del pacto, el arca que Moisés y los israelitas llevaron por el desierto durante cuarenta años, que marchó alrededor de Jericó, que fue llevada de una batalla tras otra, finalmente llegó a Jerusalén, su ubicación permanente.

Fue una celebración masiva con David, el rey, saltando y bailando en las calles. Todos los habitantes de la ciudad fueron agasajados con pan y pasteles. David bailó con tal desenfreno que su esposa Mical se sintió avergonzada. A David no le importó. El arca estaba por fin en Jerusalén; sin embargo, estaba aparcada en una simple tienda.

Entonces Dios le habló a David, haciéndole una promesa que cambiaría el mundo para siempre. Comenzó con el deseo de David de construir un templo para Dios, para hacer grande el nombre de Dios. Dios apreció la idea, pero dijo que el hijo de David lo construiría. David mató a demasiada gente y el templo debía ser para la paz y la reconciliación.

Dios prometió entonces: "Tu casa y tu reino perdurarán para siempre ante mí, tu trono se establecerá para siempre". David oró y alabó a Dios por su poder.

David encontró el favor de Dios, con victoria tras victoria contra los enemigos. Construyó un ejército leal y poderoso y nombró a impresionantes oficiales para dirigir todos los asuntos del reino.

En el fondo de su corazón, David quería honrar a Jonatán y preguntó si había alguien de su familia que siguiera vivo. Llamó a un sirviente de la familia de Saúl, Siba que solo conocía al hijo de Jonatán, Mefiboset, el que no podía caminar. David lo llamó.

Esa promesa apuntaba directamente a Jesús, que estaría en la línea familiar de David, hasta María y José. Solo Jesús podría reinar como Rey por siempre.

A partir de entonces, David invitó a Mefiboset a cenar a su mesa todas las noches. Fue una hermosa historia de alguien que fue ignorado por muchos, pero que fue reconocido y amado por el rey.

David peca a lo grande (2 SAMUEL 11-12; 1 CRÓNICAS 20:1-3)

David debería haber estado en la guerra, luchando como hacen los reyes, pero decidió quedarse en casa. Una noche, miró desde su cama y vio a una hermosa mujer bañándose en su azotea. Él les pidió a sus sirvientes que se la trajeran. Esta no era su esposa. David cometió adulterio.

Cuando la mujer, llamada Betsabé, le dijo luego a David que estaba embarazada, éste trató de encubrirlo. Cuando su esposo, Urías, se negó a cooperar con David, éste hizo que lo mataran en el campo de batalla.

Ahora David había cometido un asesinato.

Después de que Betsabé lloró por su esposo, se trasladó al palacio y se casó con David.

Un profeta llamado Natán se acercó al rey y, arriesgando su vida, le contó a David una historia: "Un hombre rico tenía un montón de ovejas, pero vio a un hombre pobre con un corderito, el único que tenía. El rico tomó el corderito del pobre y se lo comió".

David se enfadó al escuchar esa historia, especialmente como pastor de ovejas. "¡Qué clase de persona haría algo así!"

“Tú, David. Tú eres esa persona. Tomaste a la esposa de Urías y lo mataste por ella”.

David agachó la cabeza. “Sí, sí, lo hice. He pecado contra Dios”.

“Tu familia sufrirá muchas consecuencias. De hecho, el bebé que lleva dentro morirá”. Natán tenía razón. El bebé nació, pero murió poco después.

Betsabé tuvo otro hijo. Su nombre era Salomón. Más adelante hablaremos de él.

Disputas familiares (2 SAMUEL 13-19)

La familia de David tuvo muchos problemas, especialmente con sus hijos nacidos de diferentes madres. Uno de ellos, Absalón, era un hombre apuesto con un cabello grueso y abundante. Tan grueso que pesaba dos kilos cuando se lo cortaron. Quería ser rey después de su padre, e incluso influyó en la gente para que pensara que él debía ser rey.

El apoyo a Absalón creció, pero David no podía matar a su propio hijo. Así que David huyó. Se encontró con traiciones y ataques, la gente lo avergonzó por sus acciones. Pero Dios se encargó de la situación.

Un día, las tropas de David vieron a los hombres de Absalón y se desató una batalla. Absalón partió en su caballo, pero su larga, hermosa y espesa cabellera quedó atrapada en un árbol. ¡Quedó colgado de una rama por su pelo! Los hombres de David lo encontraron, pero sólo uno fue lo suficientemente valiente para matar a Absalón.

David se enteró de la noticia y se lamentó. Regresó a Jerusalén, sintiendo que sus familias se separaban y se hacían añicos.

La recta final de David (1 SAMUEL 20-1 REYES 1; 1 CRÓNICAS 20-21)

El tiempo de David como rey terminó sin todos los desfiles y aclamaciones como cuando empezó. Políticamente, cumplió las promesas. Militarmente, ganó guerras. Todo el tiempo David cantó alabanzas a su Dios.

Sus poderosos guerreros libraron batallas increíbles.

El hermano de Goliat fue asesinado, así como un hombre enorme con seis dedos en cada mano y seis dedos en cada pie.

Uno de sus guerreros mató a ochocientos hombres en un encuentro, otro mató a trescientos. Otro luchó contra un león en un pozo en un día de nieve. Y otro luchó en una batalla tan dura que su mano se congeló en la espada. Harían cualquier cosa por su rey, incluso matar para conseguirle un vaso de agua.

David dejó de ser el hombre de Dios que una vez fue. Una vez, hizo que su soldado contara su ejército. Cuando regresó con el número 800,000, David se sintió mal. Contó el ejército por razones egoístas, no por razones piadosas.

Un profeta llamado Gad le habló al rey sobre esto. "Has enfadado al Señor y ha ofrecido castigarte de una de estas tres maneras: ¿tres años de hambre, tres meses de ataque enemigo o tres días de plaga? ¿Qué prefieres?"

David vio lo malo que era cada una de ellas. No quiso elegir. Así que Dios eligió por él. Tres días de plaga. Setenta mil murieron.

David clamó cuando vio a un ángel. "¡Suficiente! ¡No puedo soportarlo! ¡He pecado! ¡Yo soy el pastor! ¡Estas personas son sólo ovejas! ¡Castígame!" El ángel detuvo la plaga.

Gad le dijo a David que volviera al lugar donde había visto al ángel y construyera un altar. David compró el lugar, era un lugar para procesar el trigo, y ahí construyó un altar.

Ese lugar estaba en el Monte Moriah. Será donde el hijo de David, Salomón, pronto construirá el templo.

David se hizo muy viejo, y surgió la pregunta de qué hijo sería el próximo rey. David dijo muy firmemente: "Salomón". No a todos les gustó esa elección, especialmente a otro de los hijos de David, Adonías, que intentó, sin éxito, hacerse rey.

Salomón, el hombre más sabio (1 REYES 2-4; 1 CRÓNICAS 29-2; CRÓNICAS 1:12)

David se llevó a su hijo Salomón aparte y le dio un consejo. "Si vas a ser rey, sé fuerte y actúa como un hombre. Concéntrate en las leyes de Dios, camina en obediencia y tendrás éxito".

David murió. Salomón tomó el relevo, enderezando ciertos asuntos que su padre había dejado sin hacer. Cumplió su promesa a su padre caminando según las leyes de Dios, por ahora...

El Señor se le apareció a Salomón en un sueño. "Pide lo que quieras que te dé". Salomón tenía muchas opciones: larga vida, riqueza, poder.

En cambio, dijo esto: "Soy joven y no sé lo que estoy haciendo. Dame sabiduría para gobernar a tu pueblo, para que pueda distinguir el bien del mal".

Dios quedó impresionado. "Lo haré, y como no pediste larga vida, riqueza y poder, también te los daré".

La sabiduría de Salomón se hizo mundialmente conocida. Era capaz de tomar decisiones muy sabias ante problemas difíciles. Gente de todas partes acudíaa preguntarle sobre la vida de las plantas, la naturaleza, los animales, las aves, los reptiles y los peces. Escribió más de tres mil proverbios y mil canciones. Era más inteligente que cualquier otra persona del mundo.

El pueblo de Israel era feliz. Ningún país estaba en guerra con Salomón. Todo el mundo tenía dinero porque la economía se disparaba. El oro y la plata eran tan comunes como el pavimento en la vereda.

El Templo está abierto al público (1 REYES 5-8; 2 CRÓNICAS 2-7:10)

El padre de Salomón, David, estableció conexiones con otros reyes para suministrar los materiales necesarios para construir el templo.

Salomón hizo llegar la madera y las piedras, y luego puso a trabajar a más de 180,000 personas para construir el templo. Los mejores artesanos hicieron que el templo fuera hermoso.

El templo se construyó con la mejor madera del país y se cubrió de oro. Todo el mobiliario del templo tuvo que ser hecho a mano. Toda la construcción duró siete años.

Entonces llegó el gran día: el arca sería colocada en el templo. Para el pueblo, esto completó el plan de Dios de construir una nación, y finalmente el arca ya no estaría en una tienda portátil, sino en su propia casa.

¡Por fin Dios tenía un hogar en la tierra! El pueblo sacrificó animales como expresión de alabanza a Dios. La gente cantó, alabó y lloró.

Dios mismo apareció en una nube en el templo, en lo que se llama el Lugar Santísimo, donde se guardaba el arca. Moraba detrás de una gruesa cortina, el más sagrado de los lugares santos.

Salomón oró, agradeciendo a Dios, comprometiendo a la nación con él, prometiendo cumplir todos sus mandatos. El templo fue dedicado con más ofrendas y la ciudad estuvo de fiesta durante catorce días.

Se necesitaba mucha gente para mantener el templo en funcionamiento. Los guardianes de las puertas eran esencialmente guardias, que se aseguraban de que las personas adecuadas entraran en el templo. Los músicos tocaban instrumentos y un coro cantaba alabanzas.

El rey sabio se hace el tonto (1 REYES 9-11; 2 CRÓNICAS 7-9)

Dios se acercó a Salomón y le confirmó la misma promesa que le hizo a David: "Estableceré tu trono real para siempre. Siempre tendrás un sucesor en el trono". Pero Dios le advirtió: "No adores a otros dioses o todo lo que has construido se convertirá en un montón de escombros".

Así que Salomón construyó un palacio para sí mismo que tardó catorce años en construirse, siete años más que el templo.

La casa de Salomón era más bonita que la casa de Dios. Su trono estaba cubierto de marfil y oro.

Salomón construyó Jerusalén con más y más edificios, utilizando a gente esclava como mano de obra.

Construyó una enorme flota de barcos, y tenía miles de caballos y toneladas de carros. Salomón construyó un poderoso imperio.

Los reyes de otras naciones lo admiraban por su riqueza y sabiduría. Su visitante más famoso fue la reina de Sabá. Ella había oído hablar de su fama y le trajo regalos, y se asombró de cómo el Señor había bendecido a Salomón.

Salomón hizo una tontería. No cumplió su promesa al Señor. Adoró a otros dioses en lugares fuera de la ciudad, en lo alto de las montañas. Se casó con cientos de mujeres. Las esposas de Salomón vinieron de otras naciones y trajeron sus dioses. Les construyó altares para que pudieran muy enojado. David pecó, sí, ¡pero nunca adoró a otros dioses! Dios prometió destrozar este reino cuando el hijo de Salomón, Roboam, asumió el cargo.

Los enemigos internos comenzaron a hacerse más fuertes. Algunos abandonaron Israel porque estaban muy descontentos con Salomón y la forma en que dirigía el país. Uno de sus críticos, Jeroboam, se rebeló contra Salomón, y la gente comenzó a escucharlo.

Un profeta se acercó a él y rompió su manto en doce pedazos. Le dio diez de esos pedazos a Jeroboam. "Dios dividirá esta nación de doce tribus por la mitad. Diez tribus te seguirán y dos permanecerán fieles al linaje de Salomón".

Salomón intentó matar a Jeroboam, pero éste escapó a Egipto. Después de cuarenta años como rey, Salomón murió.

Su hijo Roboam tomó el relevo.

La sabiduría de Salomón llena el libro de los Proverbios, y escribió una hermosa obra llamada "Cantar de los Cantares". Sin embargo, en el libro del Eclesiastés, Salomón, en su vejez, se dio cuenta de su estupidez y de la búsqueda sin sentido del poder mundano, los objetos y la riqueza. Se dio cuenta de que adorar a Dios en la juventud era lo más importante que podía hacer una persona.

¿CUÁLES SON LAS IDEAS PRINCIPALES EN ESTE CAPÍTULO?

- Cuando pecas, muchas personas salen pejudicadas, incluida tu familia.
- La sabiduría es lo mejor que se puede pedir.
- Hasta las personas inteligentes hacen tonterías.
- Escucha a las personas mayores que tú. Han vivido la vida y han tenido tu edad.

10

El Reino del Norte

1 REYES; 2 REYES; 2 CRÓNICAS

¿QUIÉN ES QUIÉN?

- **Jeroboam**—un hombre rebelde que dividió la nación.
- **Elías**— uno de los más grandes profetas de la historia.
- **Eliseo**—sucesor de Elías y el segundo profeta más grande de la historia.
- **Acab**—uno de los peores reyes de la historia.
- **Jezabel**—una de las peores reinas de la historia.

¿DÓNDE ESTAMOS?

- **Samaria**—una ciudad que trató de sustituir a Jerusalén

DATOS INTERESANTES DE ESTA SECCIÓN

- En esta sección se explica por qué las personas no querían a los samaritanos en el tiempo de Jesús.

» Es un poco confuso, pero la nación del norte se conoce como Israel, a pesar de que toda la nación se llamaba Israel.

» Diez tribus eran parte de esta nueva nación del norte, excepto Judá y Benjamín, dos tribus del sur.

» Elías era de la ciudad de Tisbé en Galaad.

Guerra civil (1 REYES 12-14:21; 2 CRÓNICAS 10-12)

Cuando Roboam asumió el trono, el pueblo pedía descansar un poco luego de haber trabajado duro en proyectos de construcción. Roboam, consultó con los amigos sabios de su padre, quienes le dijeron que acepte la petición y permita que el pueblo se relaje. Luego, acudió a sus propios amigos, quienes le dijeron: "Hazlos trabajar, hermano. ¡No es momento de ser débil!".

Roboam hizo caso a sus amigos y les hizo trabajar más. "¡Mi dedo meñique es más grueso que la cintura de mi padre, así que no se metan conmigo!" Diez naciones del norte se opusieron y rompieron todas las relaciones con las dos naciones del sur. Jeroboam lideró la rebelión y se convirtió en el rey de Israel. Roboam quería ir a la guerra, pero sus consejeros le dijeron que no.

Por otro lado, los israelitas tenían un gran problema. La ley de Moisés decía que todos los sacrificios sólo se podían hacer en el templo a cargo de sacerdotes del mismo linaje de Aarón, pero ellos se encontraban en el Reino del Sur.

Entonces, Jeroboam y las tribus del norte construyeron su propio templo en las ciudades de Betel y Daniel… y cometieron un grave error: adoraron becerros de oro.

Jeroboam aprobó e invitó a todos a adorar estos falsos ídolos. Construyó muchos santuarios en diferentes lugares altos. Dios no iba a bendecir estas decisiones.

Cuando el hijo de Jeroboam, Abías, se enfermó, Jeroboam envió a su esposa disfrazada al profeta ciego Ahías. "Pregúntale qué pasará con nuestro hijo". Cuando ella fue, Ahías la reconoció, ya que Dios antes le había avisado que la esposa de Jeroboam iba a venir, por lo que el disfraz no funcionó. Él la llamó y le dijo: "En cuanto vuelvas a casa, tu hijo morirá". Ni bien ella se fue, adivinen qué pasó: el profeta tenía razón.

Muchos reyes muertos (1 REYES 15:25–1 REYES 16; 2 CRÓNICAS 13–16)

Nadab, el segundo hijo de Jeroboam, se convirtió en rey y se quedó en el trono solo dos años. Baasa mató a Nadab, por ende, ascendió al trono y reinó durante veinticuatro años.

Ela fue el siguiente, cuyo reinado duró dos años. Luego, uno de sus oficiales, Zimri, lo mató.

Zimri duro solo siete días en el trono, ya que un jefe del ejército, Omri, lo mató cuando cercó la ciudad y quemó su palacio.

Ahora Omri era el rey, quien estuvo en el trono doce años y construyó una ciudad llamada Samaria, en lo alto de una montaña. Su hijo tomo su lugar y se convirtió en uno de los reyes más malvados de la historia del norte de Israel. Su nombre era Acab, y su esposa fue Jezabel.

> **En el tiempo de Jesús, los samaritanos eran odiados porque venían de Samaria, cuyo legado era conocido por los dioses que adoraban.**

Acab construyó templos para dioses en Samaria. Dios, al ver todo lo que él estaba haciendo y podía hacer, tuvo que enviar a un profeta poderoso para detenerlo. Este profeta fue uno de los más grandes en la historia de los profetas. Su nombre era Elías.

Elías contra 450 profetas (1 REYES 17-18)

Dios envió a Elías para anunciarle al rey Acab que habría una sequía por varios años. Esta no se detendría hasta que Dios lo diga.

Dios cuidó a Elías en medio de la sequía. Hizo que los cuervos le llevaran comida, como Uber Eats, y mantuvo el flujo de agua de un pequeño arroyo. Elías se hospedó en la casa de una viuda, donde Dios multiplicó la harina y el aceite de oliva en jarras que se llenaban todos los días milagrosamente.

> **Jesús revivirá a una jovencita, un jovencito, un hombre mayor y luego a él mismo.**

Cuando el hijo de la viuda murió, Elías acostó al niño

en la cama y oró para que Dios lo reviviera. El niño volvió a la vida.

Jezabel, la esposa de Acab, estando furiosa con los profetas de Dios por causar esta hambruna, comenzó a matarlos. Abdías, que trabajaba en el palacio de Acab, escondió a muchos profetas en cuevas. Elías era el más buscado de todos ellos, pero, un día, decidió enfrentarse cara a cara a Acab.

Elías retó a Acab, Jezabel y a todos los sacerdotes que adoraban a los falsos dioses a una prueba. Mandó a traer a 450 profetas de Baal y 400 profetas de Asera para reunirse en el Monte Carmelo.

El reto: si al invocar a su dios, éste le responde con fuego, él es el Dios verdadero. Todos estuvieron de acuerdo.

Sin embargo, los 450 sacerdotes de Baal llegaron con una gran muchedumbre para ver el enfrentamiento.

Elías les dijo que sacrifiquen toros e invoquen a su dios para que cuando encienda el fuego, se quemen. Los profetas de Baal clamaron, bailaron, gritaron e incluso se cortaron, pero no había respuesta. Elías se burló de ellos: "¡Griten más fuerte! ¡A lo mejor su dios está dormido!". Desde la mañana hasta la tarde… el silencio reinó.

> **Elías era tan grande a los ojos de Dios que se ganó un lugar al lado de Jesús en el Monte de la transfiguración, así como Moisés.**

Elías les dijo que se apartaran. Pidió a la gente que cavara una zanja alrededor del sacrificio y vertiera baldes de agua sobre los toros muertos. Una, dos, tres veces los sacrificios fueron mojados. Luego, clamó a Dios: "¡Señor, permite que hoy puedan conocer tu nombre y que todos sepan que eres el Dios de Israel!"

En ese momento, el fuego descendió y quemó todos los sacrificios, a pesar que estos estaban mojados. Al ver esto, la muchedumbre comenzó a clamar. "¡El Señor... es Dios!"

Elías ordenó a la gente que matara a los falsos profetas que creían en un dios falso.

A lo lejos, una pequeña nube apareció en el cielo, indicando así que la lluvia se acercaba.

Corre por tu vida (1 REYES 19)

Jezabel estaba muy molesta porque Elías había matado a todos sus profetas, así que le juró que estaría muerto al día siguiente. Él entró en pánico y huyó.

Después, llegó al desierto, donde rogó a Dios que le quitara la vida. Luego de una siesta, un ángel lo despertó y le dijo que comiera. Milagrosamente, había un pan que se estaba horneando en fuego y un jarro de agua junto a él.

Cuando se sintió mejor, caminó cuarenta días y cuarenta noches al monte Horeb (donde Moisés se encontró con Dios por primera vez), y tomó una siesta en una cueva.

Al día siguiente, Dios le preguntó: "¿Por qué estás aquí, Elías?"

Elías respondió: "Me siento muy a gusto contigo, pero los israelitas no. Rechazan todas tus leyes, han destruido tus altares, matado a sus profetas y ¡yo soy el último!"

Un viento rompió una parte del monte, pero el Señor no estaba en el viento. Un terremoto sacudió el monte, pero Dios no estaba en el monte. Un fuego quemó el monte, pero tampoco Dios estaba en el fuego.

Luego, se escuchó un susurro, y Dios sí estaba allí. "Vuelve al lugar de donde viniste. Quiero que consagres algunos nuevos líderes. Dejaré con vida a siete mil verdaderos creyentes. También ve a buscar a un hombre llamado Eliseo y hazlo tu aprendiz".

Cuando Elías regresó a casa, vio a Eliseo arando su campo con bueyes. Elías puso su manto sobre Eliseo, siendo esta una señal de que debía seguir a Elías. Eliseo quemó el arado y mató a los dos bueyes para festejar, luego dejó a su familia para seguir a Elías.

Las últimas batallas de Acab (1 REYES 20-22:40; 2 CRÓNICAS 17-21)

Ben-Adad, rey de Aram, cercó Samaria (la capital de Acab). Dios envió a un profeta para que le dijera a Acab cómo ganar la batalla. Él siguió las instrucciones y ganó. A la siguiente primavera, Ben-Adad lo intentó de nuevo en una ciudad llamada Afec, y otro hombre de Dios se presentó y le dijo a Acab que tendría que hacer para ganarla batalla. Y así fue, pero Dios se enojó con Acab por dejar libre a Ben-Adad, por lo que el profeta aseguró que la vida de Acab pronto terminaría.

Luego de un tiempo, Acab quería un viñedo cerca, que pertenecía a un hombre llamado Nabot. Acab se lo pidió, pero él se negó; así que Acab no insistió. Cuando Jezabel lo encontró, le dijo: "¿Qué clase de rey eres? Toma todo lo que quieres". Así que ella mató a Nabot y le quitó el viñedo para dárselo.

Elías le dijo a Acab: "Por tus horribles acciones, los perros lamerán tu sangre y la de tu esposa. Además, todos tus descendientes serán eliminados". Sin embargo, Acab tuvo una reacción sorprendente. Se sintió mal, se arrepintió y ayunó. Esto complació a Dios y retrasó su muerte.

Tres años después, el rey de Judá, Josafat, fue a ver a Acab. Él necesitaba ayuda para derrotar al enemigo en Ramot de Galaad. Josafat, un buen rey, quería buscar el consejo de un profeta. Acab trajo a sus cuatrocientos profetas, quienes le dijeron: “Sí, sí, sí. Nos parece bien, ¡ganarás!”. Pero a Josafat le pareció extraño. “está bien, “¿Tienes a un verdadero profeta del Señor?”

Acab ofreció, en contra de su voluntad, a un profeta llamado Micaías pero Acab dijo: “Él nunca me profetiza nada bueno”. Cuando llegó Micaías, le dijo: “Definitivamente van a ganar, pero estos profetas son mentirosos. No les creas”. Los profetas lo abofetearon y lo llevaron a la cárcel. Él gritó: “Si tú, rey Acab, regresas a salvo, entonces no soy un verdadero profeta”.

Acab no regresó de la batalla en Ramot de Galaad. Durante la pelea, un arquero disparó una flecha al azar al aire, pero Dios sabía a dónde iba... justo entre la armadura del rey Acab, quien murió tal como el profeta predijo.

Hijo de un rey malo (1 REYES 22:51–2 REYES 1)

El hijo de Acab, Ocozías, heredó el trono de su padre y actuó exactamente como él y su madre.

Reinó durante dos años, pero a Dios no le agradaba porque adoraba al dios Baal. Una vez, Ocozías se cayó por el techo y quedó gravemente herido; entonces, envió a un mensajero a consultar a su falso dios, pero un ángel se interpuso y le dijo a Elías que fuera a ver cómo estaba.

Elías interceptó al mensajero y le dijo: "¿Por qué pides a un dios inútil que ayude al rey? Ocozías no saldrá de esta cama hasta su muerte".

El mensajero volvió y le contó al rey lo que el hombre le había dicho. "¿Qué hombre?" preguntó Ocozías. "¿Cómo era?"

"Tenía un manto de piel y un cinturón de cuero".

Juan el Bautista vestía de forma similar. Por eso también se le conoce como un "Elías".

Ocozías sabía quién era. "Él envió cincuenta soldados para que lo buscaran".

Cuando los cincuenta soldados aparecieron para llevarse a Elías, cayó fuego del cielo y los consumió.

El rey envió cincuenta soldados más, pero más fuego cayó y los mató; así que envió a cincuenta más.

El oficial del ejército le habló a Elías amablemente y con respeto. Elías fue con él.

Elías llegó y repitió a Ocozías lo que había dicho antes: "¿Por qué buscas a un dios llamado Baal? Vas a morir en esa cama".

El rey murió, y como no tenía un hijo, un hombre llamado Joram lo sucedió.

Elías sube y Eliseo se involucra (2 REYES 2-10; 2 CRÓNICAS 21-22:9)

Un grupo de profetas siguió a Elías, todos sabían lo que estaba por suceder. Era su último día en la

Tierra. Se enfrentó a un río, se quitó su manto y golpeó el agua. Entonces, esta se dividió y cruzó.

Elías se dirigió a Eliseo y le preguntó qué podría hacer por él antes de que se fuera.

Eliseo dijo: "¡Quiero el doble del espíritu que tienes!"

Luego, un carro de fuego, conducido a caballo, apareció y llevó a Elías al cielo, dejando solo su manto. Eliseo lo tomó y se lo puso.

Eliseo comenzó a realizar milagros asombrosos. Él purificó un manantial de agua envenenada. Unos muchachos se burlaron de Eliseo, llamándolo "calvo"; y de pronto, dos osos rugieron y les dieron una lección.

Eliseo le comunicó un plan de Dios a Joram, el rey, para derrotar a los moabitas cavando hoyos en el campo de batalla y llenándolos con agua. Dios hizo que los moabitas pensaran que eran charcos de sangre y que todo el ejército de Israel había muerto, así que invadieron el campamento de Israel para tomar el botín restante. Pero, el ejército los estaba esperando y los derrotó.

Casi similar al milagro de Elías, Eliseo ayudó a una viuda a reabastecer su suministro de aceite de oliva para pagar sus deudas.

Luego, resucitó al hijo de una mujer y limpió una olla de guisado que tenía veneno.

Un hombre le llevó veinte panes a Eliseo. Él quería que la gente comiera, pero como había cien personas, no parecía ser suficiente. Aun así, Eliseo prometió que se llenarían; y en efecto, lo hizo y hubo de sobra.

Un jefe de ejército, llamado Naamán, tenía una enfermedad de la piel conocida como lepra y, al escuchar que Eliseo hizo cosas asombrosas, le pidió ayuda y él aceptó. Le dijo a Naamán que se lavará siete veces en el río Jordán. Este creyó que era ridículo, hasta que lo hizo y se curó. Eliseo incluso hizo flotar un hacha que había caído al río solo para que quien lo pidió prestado pudiera devolverlo como lo había encontrado.

El milagro del pan de Eliseo es muy parecido a los milagros de Jesús alimentando a los cinco mil y cuatro mil. Cada relato decía que todos comieron y quedaron satisfechos, e incluso quedaron sobras.

Durante una guerra entre Israel y Siria, Eliseo escuchó de Dios donde estaban acampando los sirios e informó a Israel. Esto enfureció al rey de Siria, quien envió un ejército para capturar a Eliseo. El criado de Eliseo se puso nervioso al ver que el ejército rodeaba su ciudad. Eliseo oró para que los ojos del criado se abrieran, y repentinamente vio un gran ejército celestial a su alrededor.

Luego, Eliseo oró para que el ejército sirio quedara ciego. En un instante, ninguno de ellos pudo ver; y así Eliseo, y su criado se alejaron sin ser vistos. Después,

Eliseo oró para que sus ojos se abrieran, y lo hicieron. Luego, ese ejército rodeó a Samaria y cortó su provisión de alimentos. Dios hizo que los sirios oyeran el sonido de carros y caballos tan fuerte que huyeron asustados dejando todo su oro y provisiones.

Ciertamente, los milagros que Eliseo mostró fueron el doble de asombrosos, tal como había pedido.

Eliseo ungió a un hombre llamado Jehú como rey de la nación del norte. Jehú asesinó a Joram, rey en ese tiempo, con una flecha que atravesó su corazón; y también, mató a Ocozías, rey de Judá. Jehú encontró a Jezabel, esposa de Acab, y la atrapó en una torre. Los propios siervos de Jezabel la echaron y murió en el acto. Los perros lamieron su sangre como se predijo. Dicho esto, Jehú eliminó a toda la familia de Acab.

Pese a que Jehú también mató a todos los adoradores del dios Baal y destruyó muchos templos dedicados a otros dioses, él mismo rindió culto a los becerros de oro en Betel y en Daniel. Esto no agradó a Dios, pero Jehú permaneció en el poder durante veintiocho años.

Más reyes malos (2 REYES 13, 14:23-29; 2 CRÓNICAS 25-26:2)

La nación del norte de Israel no terminó bien. Incluso todo el trabajo que hicieron Elías y Eliseo para probar que existía un Dios, no logró apartarla de su pecado y constante fascinación por los dioses falsos e ídolos. Rey tras rey trajo desastres a la nación.

El hijo de Jehú, Joacaz, era malvado, y la ira de Dios

ardió contra él. Su ejército quedó reducido a casi nada por las guerras con el rey de Siria. Murió después de reinar diecisiete años.

Yoás, hijo de Joacaz, reinó dieciséis años. Visitó a Eliseo mientras estaba enfermo, quien le prometió a Yoás tres victorias contra Siria, pero no más.

Poco después, Eliseo murió. Lo genial de Eliseo es que incluso después de su muerte, hizo milagros. Cuando arrojaron su cuerpo en una tumba, tocó los restos de otro hombre muerto, quien recobró la vida y salió caminando.

Después de Yoás, su hijo Jeroboam II se convirtió en rey y gobernó por un largo periodo de cuarenta y un años. Las cosas simplemente no estaban mejorando. Dios vio toda la miseria que la gente del Reino del Norte estaba pasando, así que era hora de enviar un mensaje.

Dios les envió tres profetas durante el tiempo en el que Jeroboam II estaba en el trono.

Uno se llamaba Oseas. Dios utilizó el matrimonio de Oseas como un ejemplo de cómo se siente Dios cuando alguien se desvía y encuentra a otras personas a quienes amar. El mensaje de Oseas trataba del juicio de Dios si amaban a otros dioses. Sin embargo, ofreció un mensaje de esperanza y amor si regresaban a Dios, así como la esposa de Oseas regresó a él.

El segundo profeta se llamaba Amós. Era un pastor sencillo, cuyo mensaje a Israel era el mismo que el de

Oseas, hablaba de juicio y destrucción. Un sacerdote de Betel se quejó de Amós a Jeroboam II, queriendo que lo expulse, pero Amós se mantuvo firme y su advertencia no cambió.

El tercer y más famoso profeta, Jonás, fue conocido por su historia "Jonás y el gran el pez".

Hombre al agua (JONÁS 1-4)

La ciudad de Nínive era la capital del imperio asirio, que estaba creciendo en poder. A pesar de su abandono a Dios, Él todavía los amaba. Quiso enviar un profeta para contarles acerca de la misericordia y juicio de Dios, pero el profeta no quería que ellos escucharan este mensaje.

Jonás escuchó perfectamente de Dios: "Ve a Níni-

ve y proclama contra su maldad". Pero Jonás corrió en dirección opuesta, subiendo a un barco en Jope para navegar a Tarsis. Sin embargo, Dios provocó una tormenta para reducir la velocidad del barco. Todos los marineros a bordo clamaron a sus dioses; luego, se dieron cuenta de que la tormenta se desencadenó debido a Jonás. Jonás aceptó ser lanzado al agua para que todos pudieran viajar con seguridad. Cuando cayó al agua, un enorme pez se lo tragó y lo vomitó a salvo en tierra firme.

Entonces, Jonás entendió lo que tenía que hacer, incluso si no quería hacerlo.

Jonás caminó por la ciudad de Nínive durante tres días, al mismo tiempo que entregaba un mensaje muy simple: "¡Dentro de cuarenta días Nínive será destruida!" La gente entró en pánico y oró. Incluso el rey escuchó y les dijo a todos que buscaran a Dios. Toda la ciudad, 120.000 personas, dejaron de hacer lo malo y Dios al ver lo que sucedió en el corazón de la gente, no destruyó Nínive.

Pero Jonás no estaba feliz. Sabía que era una ciudad malvada y merecía un castigo, pero Dios le dijo: "Seré amable con quien yo quiera".

Este es el final (2 REYES 15:8-31,17)

El pueblo de Israel, incluidos los reyes, dejaron de escuchar el mensaje de cualquiera de los profetas.

Entonces, comenzó la larga caída hacia la completa

destrucción de Israel. Políticamente, Israel era un desastre. Después del rey Jeroboam II, su hijo Zacarías reinó solo seis meses hasta que Salum lo asesinó. Él tomó el poder en el norte de Israel solo por un mes, cuando Manahem lo asesinó. Manahem reinó diez años, pero a Dios no le gustó cómo guió al pueblo.

Durante este tiempo, el país de Asiria se estaba convirtiendo en una gran potencia, liderada por un rey llamado Tiglat-Pileser. Pronto, Israel no podría enfrentarlo.

El hijo de Manahem, Pekaia, asumió el cargo cuando su padre murió y fue rey por dos años. Uno de sus principales oficiales, Peka lo asesino y tomo el trono. Pekaino por 20 años.

Alrededor del 740 a.C., el rey Tiglat-Pileser, se apoderó de Israel y deportó a los habitantes a Asiria. Peka fue asesinado por Oseas, quien se convirtió en el último rey de Israel.

Oseas reinó prácticamente sobre nada porque toda la nación estaba en caos; a pesar de ser malvado, duró nueve años en el poder. Finalmente, Salmanasar, nuevo rey de Asiria, invadió Samaria en el 722 a.C. y puso fin oficialmente a la era del Reino del Norte.

¿Por qué pasó esto? La nación del norte no escuchó a los profetas que Dios envió. Los israelitas rindieron culto a otros dioses, lo que le decía a Dios que pensaban que no era lo suficientemente poderoso para ellos. Entonces, Dios permitió que fueran castigados para demostrar que sus ídolos eran inútiles.

Asiria trajo gente de otras naciones al área norte de Israel y les permitió vivir allí. Adoraban tanto al Señor como a sus propios dioses, pero así no funciona. Dios exige toda nuestra adoración porque Él es el único Dios Verdadero. Esta desobediencia continuó durante muchas generaciones.

Dios fue paciente con el Reino del Norte y le permitió existir durante doscientos años. Sin embargo, su paciencia tiene límites. Se ocuparía del Reino del Sur de Judá de la misma manera, pero afortunadamente, ocho de estos reyes eran buenos y seguían al Señor. Esto evitó que enfrentaran el juicio como el norte y sobrevivieron doscientos años más.

Reyes de Israel por orden Cronológico (931-722 BC)	
☹	**Jeroboam,** un rey malo por 22 años.
☹	**Nadab,** un rey malo por 2 años.
☹	**Baasa,** un rey malo por 2 años.
☹	**Ela,** un rey malo por dos años, asesinado por Zimri.
☹	**Zimri,** un rey malo por 7 días.
☹	**Omri,** un rey malo por 12 años.
☹☹	**Acab,** un rey muy malo por 22 años.
☹	**Ocozías,** un rey malo de Israel por 2 años.
☹	**Joram,** un rey malo por 12 años.
☹	**Joacaz,** un rey malo por 17 años.
☹☹	**Yoás,** un rey malvado por 16 años.
☹	**Jeroboam II,** un rey malo por 41 años
☹	**Zacarías,** un rey malo por 6 meses.
☹	**Salum,** un rey malo por 1 mes.
☹	**Manahem,** un rey malo por 10 años.
☹	**Pekaia,** un rey malo por 2 años.
☹	**Peka,** un rey malo por 20 años.
☹	**Oseas,** un rey malo por 9 años. Israel cayó cuando Samaria fue invadida.

¿CUÁLES SON LAS IDEAS PRINCIPALES EN ESTE CAPÍTULO?

- La política puede ser mala y desagradable porque la gente se vuelve muy egoísta con el poder.
- Dios quiere ser el único Dios en tu vida. Él no tolera a otros dioses por mucho tiempo.
- Dios puede cambiar la historia y destruir una nación entera. La nación del norte duró 210 años, menos tiempo que el que tiene Estados Unidos actualmente (más de 245 años).
- Incluso el gran pueblo de Dios a veces se debilita, se asusta y se cansa. Solo se necesita descanso.

11

El Reino del Sur

1 REYES; 2 REYES; 2 CRÓNICAS

¿QUIÉN ES QUIÉN?

» **Roboam**—realmente arruinó las cosas al escuchar a sus amigos.

» **Asa**—el rey con la menor cantidad de letras en su nombre.

» **Josafat**—el rey con la mayor cantidad de letras en su nombre (Jehoshaphat en inglés).

» **Joás**—el rey más joven en la historia de Israel.

» **Josías**—el segundo rey más joven en la historia de Israel.

» **Ezequías**—un rey realmente bueno que vio como las sombras retrocedieron.

» **Isaías**—un profeta realmente importante.

» **Jeremías**—un profeta que se preocupa... y llora.

¿DÓNDE ESTAMOS?

» **Jerusalén**—donde Dios vive en un templo, por ahora.

DATOS INTERESANTES DE ESTA SECCIÓN

- Joás tenía siete años cuando se convirtió en rey Josías tenía ocho.
- El Reino del Sur duró 344 años, en comparación con los 210 años del norte.
- Abdías es el libro más corto del Antiguo Testamento.
- Jeremías es considerado el libro más largo de la Biblia en cuanto al número de palabras: 33 000 palabras.
- Al menos ocho profetas intentaron cambiar el pecado de Judá, pero no pudieron.

El linaje de David continua en el trono

(1 REYES 12, 15, 22; 2 CRÓNICAS 10-11, 13-21:4)

El Reino del Sur, conocido como Judá, fue creado después de que las diez tribus del norte se separaran porque no les agradaba Roboam como rey. Solo dos tribus formaban el Reino del Sur: Benjamín y Judá. Ellos controlaban Jerusalén, el templo legítimo y los sacerdotes que trabajaban allí. En general, hicieron más bien que el Reino del Norte, pero finalmente se desintegraron siguiendo los mismos errores de este Reino.

Dios cumplió una promesa durante este tiempo. Mientras que la nación del norte tenía a personas al azar en el trono, Dios mantuvo intacto el linaje de David en el trono del sur, tal como dijo que sería.

Roboam, nieto de David, se convirtió en rey a los

cuarenta y un años. Duró diecisiete años, pero fue un rey terrible. Hundió a Judá aún más en la inestabilidad al levantar altares, piedras sagradas, santuarios y postes para adorar a otros dioses, y al cometer todo tipo de prácticas detestables. Dios permitió que Egipto, dirigido por el rey Sisac, atacara Jerusalén y se llevara su precioso oro. Finalmente, Roboam murió y su hijo Abías asumió el trono. Abías fracasó como Roboam. Tuvo una pequeña batalla con Jeroboam, proclamando a los israelitas que Judá tenía el linaje de David, el templo y los sacerdotes. Dios hizo retroceder a Israel y Abías ganó. Sólo duró tres años como rey hasta que su hijo, Asa, lo sucedió.

Asa fue rey durante cuarenta y un años y realmente cambió las cosas. Él expulsó a los líderes de los falsos dioses y se deshizo de muchos ídolos, e incluso destituyó a su abuela porque ella también adoraba a ídolos terribles. Dios bendijo a Asa con plata y oro, pero, lamentablemente, Asa usó esos recursos para pagarle a la nación de Ben-Adad por protección contra Israel y su rey, Baasa. Un profeta lo regañó por confiar en Ben Adad y no en Dios para recibir ayuda.

Cuando Asa murió de una enfermedad en los pies, su hijo Josafat se convirtió en rey de Judá. Él también fue un rey muy bueno, haciendo todo lo que su padre le había enseñado. Dios estaba complacido con Josafat porque este buscaba la voluntad de Dios en todo; sin embargo, Josafat no quitó todos los ídolos de Judá. Él hizo que los sacerdotes recorrieran todo Judá y leyeran el libro de la ley a todos para que pudieran escuchar la Palabra de Dios. También nombró jueces y sacerdotes para hacer cumplir la ley de Dios en sus regiones. Dios le dio la victoria a Josafat cuando se enfrentó a los amonitas y moabitas. Luego, hizo una alianza con el rey Ocozías de Israel para construir una flota de barcos, pero a Dios no le gustó que hiciera tratados con un rey malvado, por ello los barcos fueron destruidos. Cuando Josafat murió después de veinticinco años como rey, su hijo Yoram lo sucedió a la edad de treinta y cinco años.

Yoram era malo. Se parecía más al malvado rey Acab que a su buen padre, Josafat. Incluso se casó con una hija de Acab y trajo todos esos ídolos malvados de regreso a Judá. Dios aún no había juzgado a la nación. Yoram murió después haber reinado durante ocho años.

Su hijo, Ocozías, se convirtió en rey a la edad de veintidós años. Él fue uno de los dos reyes llamados Ocozías en la Biblia. Este Ocozías reinó solo un año, lo cual fue bueno porque también era malo.

Un rey de siete años (2 REYES 11-12;2 CRÓNICAS 22-24)

Atalía, la madre de Ocozías, se enfureció al saber que su hijo había muerto, por lo que mató a toda su familia. Así es, toda su familia. Pero Josaba, la hija de Yoram y hermana de Ocozías, había escondido a Joás, uno de los hijos de Ocozías, durante seis años. El linaje de David fue preservado y Dios esperó el momento

oportuno para restaurar el trono.

Cuando Joás tenía siete años, el sacerdote Joaida que quería ver al rey correcto del linaje de David en el trono de Judá, mandó llamar a los capitanes del ejército para que vinieran al templo. Gritaron: "¡Joás es rey!" y Joaida le puso una corona. Atalía oyó el ruido y gritó: "¡Traición!", por lo cual Joaida la mandó matar.

Una nueva era comenzó para Judá, una buena. Joaida hizo derribar todos esos terribles templos de Baal, todo fue hecho pedazos.

Joás ascendió al trono... ¡a los siete años! Ahora bien, un niño de siete años no puede gobernar una nación, así que su maestro, Joaida, le mostró cómo, guiándolo correctamente en los caminos de Dios. Joás reinó durante ¡cuarenta años!

Una de las primeras cosas que hizo Joás fue asegurarse de que el templo fuera restaurado. Con el tiempo, nadie reparó los daños del templo de Salomón, pero Joás quería honrar a Dios con una hermosa casa. Él les preguntó a todos los sacerdotes por qué no lo habían restaurado. Ellos se disculparon y se aseguraron de que lo arreglarían; entonces, los carpinteros y constructores se pusieron a trabajar.

Joás no era perfecto. Después de la muerte de Joaida, el pueblo volvió a adorar a sus dioses e ídolos falsos. Los profetas vinieron a advertir al pueblo, pero nadie escuchó. Joás debería haber pedido ayuda al Señor, pero en cambio trató de pagarle a su enemigo, el rey de Aram, para que se mantuviera alejado. Lamentablemente, fue asesinado por sus ministros. Su hijo Amasías asumió el cargo de rey.

Dos profetas por uno (ISAÍAS Y MIQUEAS)

Dos profetas, Isaías y Miqueas, surgieron en el sur durante este tiempo; y centraron su mensaje en el Dios único y verdadero.

Isaías profetizó durante el reinado de cuatro reyes, los cuales estuvieron en el trono durante 119 años, por lo que Isaías probablemente profetizó durante algunos periodos de sus reinados. De cualquier manera, eso significa que escuchó a Dios y que profetizó por unos ochenta años durante los reinados de tres reyes buenos y uno malo.

Las profecías de Isaías abarcan una gran cantidad de material, sesenta y seis capítulos, lo que lo convierte en uno de los libros más importantes de la Biblia. Él guió a Judá durante una época muy importante, asegurándose de que mantuvieran su enfoque en Dios. Su libro también contiene increíbles profecías (7:14; 9:6) que anuncian el nacimiento del Mesías, Jesús; y también profecías increíblemente detalladas que anuncian su muerte en la cruz (capítulos 52- 54). En total, más de cuarenta profecías de Isaías fueron cumplidas por Jesús.

Otro profeta también surgió durante este tiempo: Miqueas. Profetizó durante los reinados de tres de los mismos reyes que Isaías. Las palabras de Dios dichas por Miqueas anuncian el juicio sobre Samaria y Jerusalén e Israel y Judá. Los líderes políticos y religiosos fueron reprendidos por ser malos.

Al igual que Isaías, Miqueas también incluyó una famosa profecía que señalaba a la ciudad de Belén (5:2), anunciando que de allí saldría un Mesías que gobernaría a Israel, y que vendría desde tiempos antiguos (es decir, que ha existido desde hace mucho tiempo… como, desde siempre).

Dos reyes buenos de tres no está tan mal

(2 REYES 14-17; 2 CRÓNICAS 25-28)

Amasías fue un buen rey, como su padre Joás y David. Él ejecutó a los ministros que mataron a su padre. Pero, como muchos de los reyes que le precedieron, no se deshizo de los lugares de adoración a los ídolos y dioses falsos. En su lugar, estableció sus propios dioses en el templo y los adoró. No escuchó las advertencias de los profetas.

Una vez, en una gran batalla, el ejército de Amasías derrotó a diez mil edomitas. Sintiéndose impresionado por sí mismo, él decidió atacar a Israel por el norte (todavía eran una nación durante este tiempo). Joás, el rey de Israel, trató que Amasías entre en razón, pero Amasías hizo avanzar a su ejército. Él perdió y Joás irrumpió en Jerusalén, robando muchos objetos de valor.

Amasías reinó durante veinticinco años. Al igual que con su padre, un grupo quería matarlo, por lo que huyó y se escondió, pero lo encontraron y lo mataron. Su hijo, Azarías, se convirtió en rey a la edad de dieciséis años.

Azarías tenía otro nombre, Uzías, quien permaneció en el trono durante mucho tiempo, cincuenta y dos años, y estuvo muy cerca de los profetas Zacarías e Isaías. Uzías hizo lo que era correcto a los ojos de Dios y lo buscó en todo momento. Construyó torres alrededor de Jerusalén y desarrolló unas máquinas que disparaban flechas. Pero cerca al final de su vida, Uzías entró en el templo de Dios para quemar incienso a un dios falso. Los sacerdotes se le enfrentaron, y Dios castigó a Uzías con lepra hasta su muerte.

Jotam, hijo de Uzías, tomó el mando e hizo un buen trabajo como su padre, pero nunca entró en el templo. Durante sus dieciséis años en el poder, Jotam tampoco hizo nada respecto a esos lugares de adoración ocultos a otros dioses. Jotam obtuvo algunas victorias y caminó firmemente con el Señor, quien lo consideró un buen rey, pero no perfecto.

Acaz, hijo de Jotam, lo sucedió, pero realmente lo arruinó. Se parecía más a esos reyes malvados del norte, participando activamente en todos esos sacrificios y ceremonias de adoración a dioses falsos. Esto no le agradó a Dios, por ello, permitió que los enemigos de Judá, los edomitas y los filisteos, los vencieran como a Israel en el norte. El rey de Aram también se dirigió a Jerusalén y levantó una muralla a su alrededor. Acaz no acudió a Dios en busca de ayuda; en cambio, se dirigió a Asiria, ofreciéndole plata y oro, y Asiria los salvó.

Acaz fue a Damasco para agradecerle su ayuda a Tiglat-Pileser, rey de Asiria. Mientras estuvo allí, vio un altar de un dios que le gustaba y le pidió a su sacerdote, Urías, que dibujara un plano de este. Entonces, ¡Urías construyó el terrible altar dentro del templo sagrado de Dios! Acaz se presentó y adoró a un dios falso justo en el lugar donde se debía adorar a Dios. Finalmente, Acaz murió y su hijo, Ezequías, lo sucedió en el trono y fue un rey muy bueno.

Viva Ezequías (2 REYES 18-20; 2 CRÓNICAS 29-32)

Ezequías tenía veinticinco años cuando ascendió al trono y reinó veintinueve años. Durante ese tiempo, hizo lo que pocos reyes anteriores hicieron: destrozó todos los altares de los dioses falsos. ¡Por fin! Sirvió al Señor con todo su corazón, lo que encantó mucho a Dios, quien hizo que fuera exitoso en muchas cosas. Ezequías también se encargó de que se celebrara la Pascua, ¡algo que no sucedía en Jerusalén por décadas! La celebración tuvo tanto éxito que la extendieron una semana más. El pueblo ofreció muchas donaciones a Dios en el templo, lo cual hizo que el templo recibiera una remodelación.

Ezequías se rebeló contra el rey de Asiria y se negó a servirle. Tampoco dio marcha atrás en Judá, aun cuando Salmanasar, rey de Asiria, entró a Samaria durante sus horas finales y dispersó muy lejos a todas las tribus del norte. Ezequías no le dio la espalda a Judá.

Ezequías es famoso por la construcción de un túnel que parte desde el Puente de Gihón hasta la piscina de Siloé para abastecer la ciudad de agua en tiempo de asedio en Jerusalén. El túnel excavado desde los dos extremos, es una obra extraordinaria de ingeniería. Hoy en día, los turistas pueden caminar por toda su extensión.

Luego, Asiria atacó Judá, territorio de Ezequías, quién se asustó mucho. Por ello, le pagó al rey de Asiria con toda la plata y el oro del templo, pero esto no fue suficiente. Así que, se dirigieron a Jerusalén porque querían más. Senaquerib, el nuevo rey de Asiria, ordenó hablar con Ezequías, cuyos administradores salieron a recibir al asirio.

"No escuchen a Ezequías. Él no sabe lo que les conviene. Ríndanse ante mí y confíen en mí, no en su Dios. ¡Ningún Dios podrá detener a mi ejército!"

Cuando los administradores se lo contaron a Ezequías, él se puso a llorar en el templo. El profeta Isaías les dijo que no escucharan a aquel rey: "Dios hará que regrese a su país y sea matado a espada". Ezequías oró a Dios para que los salvara y le mostrara al mundo que el Señor era el único Dios. Isaías confirmó que Dios escuchó la oración de Ezequías.

Esa noche, el ángel de la muerte se paseó por el campamento asirio y mató a 180,000 soldados. Senaquerib regresó a su país y mientras adoraba a un dios falso, sus hijos lo mataron con una espada, tal como lo predijo Isaías.

Ezequías se enfermó gravemente, tanto así que casi muere. Incluso Isaías confirmó que podría fallecer. Pero Ezequías continuó orando, volviendo su rostro a Dios y rogándole para que viva. Isaías regresó y le dijo a Ezequías que Dios había escuchado su oración y que viviría otros quince años más. Isaías trató la enfermedad con higos y dijo que Dios le daría una señal: la sombra de los pasos iría en la dirección opuesta a la que suele ir cuando desciende el sol.

Ezequías salió y la vio. La sombra se movió en un sentido completamente distinto.

Ahora bien, Ezequías no era perfecto. Una fuerza creciente en el norte, Babilonia, envió a embajadores a Jerusalén para encontrarse con Ezequías, quién hizo un acto soberbio: les presumió todo su oro en el templo. Isaías le dijo que un día aquellos babilonios regresarían y tomarían todo el oro y la plata de sus futuros descendientes. Así que, aunque Ezequías gozaría de paz toda su vida, los futuros residentes de Jerusalén no lo harían.

Cuando Ezequías murió, su hijo Manasés tomó su lugar como rey.

Malos tiempos, buenos tiempos (2 REYES 21-22; 2 CRÓNICAS 33-36)

Manasés tenía doce años cuando asumió el trono y reinó cincuenta y cinco años. Era un chico malo y peor que las naciones malvadas de alrededor. Reconstruyó santuarios y altares a los dioses ajenos que su padre Ezequías había destruido y; además, ¡puso a muchos en el mismo templo de Dios! Incluso sacrificó a su propio hijo para un dios y habló con astrólogos y personas que aseguraban comunicarse con los muertos. Derramó tanta sangre inocente que Dios no veía la hora de sacarlo del trono. Cuando Manasés fue capturado por el ejército de Asiria, se arrepintió y volvió a Jerusalén. Allí realizó algunos cambios positivos, aunque no los suficientes para compensar todo el mal que hizo.

Por desgracia, su hijo Amón causó tanto daño como él, así que Dios permitió que sea asesinado solo dos años después. Posteriormente, llegó el último rey bueno en la historia de Judá: Josías.

Él fue otro joven rey que ascendió al trono a los ocho años. Cuando creció, comenzó a hacer verdaderos cambios positivos en Judá. Un día, durante la limpieza y reparación del templo, un sacerdote llamado Jilquías encontró el libro de la ley. Este contenía todas las escrituras de la Biblia, desde Moisés hasta sus días. Al parecer, nadie lo leía o sabía que estaba perdido.

Hilcías y el cronista del rey, Safán, llevaron el libro al rey y lo leyeron. En ese momento, el rey gritó y ordenó a los sacerdotes a examinar todo lo que fuera necesario para evitar que el Señor se enojara con ellos. Así que, fueron al templo y desecharon todos los ídolos falsos que Amón había colocado. Josías se encargó de que el pueblo celebrara una gran Pascua e incluso mandó a demoler todos los altares que Salomón había construido y que no habían sido destruidos por cientos de años. Además, para asegurarse de que aquellos idólatras no reconstruyeran sus templos, mató a todos sus sacerdotes. Dios amaba a Josías por todo el bien que hizo en Judá al deshacerse de aquellos dioses detestables.

Lamentablemente, una flecha acabó con su vida cuando llevó a su ejército a luchar contra Necao, rey de Egipto. Su hijo Joacaz se convirtió en rey, pero solo duro tres meses porque Necao lo encarceló e hizo rey a Eliaquim, hermano de Joacaz. Egipto le exigió dinero a Judá y lo retuvo, así que se le demandó altos impuestos al pueblo para cumplir con el pago.

Un desfile de profetas

(NAHUM, JOEL, HABACUC, ABDÍAS, SOFONÍAS, JEREMÍAS)

Dios en verdad necesitaba enviar un mensaje a su pueblo en Judá. Asiria había destruido el norte y ahora el sur estaba condenado. Dado que repetían los mismos pecados que en el norte, Dios envió a profetas para dar un mensaje similar. Hubo seis profetas que hablaron en los tiempos de estos últimos reinos.

Nahum expresó la ira de Dios hacia el pueblo de Nínive, que había vuelto a los malos caminos tras la visita de Jonás. Les advirtió que enfrentarían un inminente castigo, pues otra nación se volvía más poderosa (Babilonia).

Joel comparó la ira de Dios con una plaga de langostas que volaban a una tierra y se comían todo a su paso. La plaga bien pudo ser langostas reales (como en las plagas de Éxodo) o un ejército invadiendo la tierra. De todos modos, Dios permitió que sucediera para que pagaran por sus pecados.

Habacuc vio cómo Dios creaba otra nación (Babilonia) más mala y destructiva que Asiria y, además, se preguntó cómo Dios pudo permitir que esta nación castigara a Judá. Dios respondió: "¡Debes confiar en mí!". Habacuc solo se limitó a orar.

Sofonías no solo pronunció juicio en Jerusalén y Judá, sino también en otras naciones de la región: Filistea, Moab, Asiria, y otras. Judá podía ser la favorita de Dios, pero Él trató a todas las demás naciones por igual.

Abdías tenía un mensaje específico para la nación de Edom. Los edomitas eran descendientes de Esaú y Dios pronunció un juicio final sobre ellos porque no los podía tolerar más.

Por último, estaba Jeremías, uno de los más grandes profetas del Antiguo Testamento. Su libro abarca mucho tiempo, de cincuenta a sesenta años. Tenía mucho por decir en un largo período.

Jeremías provenía de una familia sacerdotal y, desde que nació, Dios le dijo que sabía lo que él haría. Muchas veces, poniéndose en riesgo, se enfrentó a sacerdotes y líderes para dejarles en claro que Dios no estaba contento con ellos. Pero, en vez de escucharlo, lo castigaron.

Recibió el apodo de "el profeta llorón" porque lloró mucho al ver a la gran nación de Dios arruinarse. Jeremías arriesgó su vida para salvar a Jerusalén y enfrentar a los líderes que la estaban destruyendo.

El final... por ahora

(2 REYES 23-24; 2 CRÓNICAS 36)

El hijo de Eliaquim, Joacim se volvió rey y, al igual que su padre, hizo el mal. Durante su reinado de once años, hubo otra gran potencia que conquistó Asiria e invadió Egipto: Babilonia, al mando de su rey, Nabucodonosor. Babilonia quería ir por Judá y Jerusalén, así que Jeremías le escribió un rollo de a Joacim, pero este lo destruyó y quemo.

Luego de Joacim le tocó el turno a su hijo Joaquín (¿no te encantan estos nombres?). Comenzó a reinar con tan solo dieciocho años y, al igual que su abuelo, duró apenas tres meses

Reyes de Judá por orden Cronológico (931-586 A.C.)
☹ **Roboam,** un rey malo por 17 años.
☹ **Abías,** hijo de Roboam y un rey malo por 3 años.
☺ **Asa,** ¡un rey bueno por 41 años!
☺ **Josafat,** ¡un rey bueno por 25 años!
☹ **Yoram,** un rey malo por 8 años.
☹ **Ocozías,** un rey malo por 1 año.
☹ **Atalía,** ¡una reina mala por 6 años!
☺ **Joás,** ¡un rey bueno por 38 años que comenzó a los 7!
☺ **Amasías,** ¡un rey bueno por 29 años!
☺ **Azarías,** ¡un rey bueno por 52 años que comenzó a los 16!
☺ **Jotam,** ¡un rey bueno por 16
☹ **Acaz,** un rey malo por 16 años.
☺ **Ezequías,** ¡un rey bueno por 29 años!
☹☹ **Manasés,** un rey muy malo por 55 años.
☹ **Amón,** un rey malo por 22 años.
☺ **Josías,** ¡un rey bueno por 32 años que comenzó a los 8!
☹ **Joacaz,** un rey malo por 3 meses.
☹ **Joacim,** un rey malo por 11 años.
☹ **Joaquín,** un rey malo por 3 meses.
☹ **Matanías,** un rey malo por 11 años. Su nombre cambió a Sedequías. Babilonia derrotó a Judá y deportó al pueblo.

en el trono.

Nabucodonosor atacó la ciudad y tomó como prisionero a Joaquín, a quien llevó de vuelta a su capital en Babilonia. Luego, puso como rey a Sedequías. Duró once años y su trabajo fue hacer todo lo que el rey de Babilonia le ordenara.

Jeremías siguió predicando en Judá para que dejen de adorar a otros dioses y les advertía sobre el juicio de Dios, pero fue encadenado en prisión y arrojado en un pozo subterráneo.

Nabucodonosor se llevó lo mejor de lo mejor de Judá a Babilonia, (más detalles en el siguiente capítulo) dejando a Jerusalén prácticamente vacía. Sedequías no escuchó a sus jefes en Babilonia y como castigo, todo el ejército atacó. Sedequías le pidió a Jeremías que hablara con Dios para que detenga al enemigo, pero Dios no pudo ser persuadido para que detenga al enemigo.

Sedequías fue obligado a ver la muerte de sus hijos. Luego fue cegado y llevado cautivo a Babilonia. La profecía de Jeremías sobre el cautiverio de toda Israel por setenta años se cumplió.

Las murallas de Jerusalén fueron derribadas y el hermoso templo que construyó Salomón fue destruido por completo. El libro de Jeremías, Lamentaciones, es una colección de canciones de dolor al ver el fin de Jerusalén.

Antes de dejar Judá para siempre, Nabucodonosor puso a Gedalías a cargo. Este último hizo todo lo posible para traer paz, pero fue asesinado por un grupo de hombres de Judá, y con ello, Jerusalén se quedó sin líder.

Jeremías y todos los profetas anunciaron la destrucción total de Israel y Judá. No obstante, cada terrible profecía terminaba con un mensaje de esperanza. Dios siempre prometió que devolvería la paz a la nación.

Y eso es justo lo que hizo, setenta años después.

¿CUÁLES SON LAS IDEAS PRINCIPALES EN ESTE CAPÍTULO?

- Dios muestra mucha gracia y paciencia con nosotros; pero, tarde o temprano dice "¡Estás castigado!". No nos gustará el castigo. Está ideado para que pensemos sobre lo que hemos hecho, nos arrepintamos y busquemos una reconciliación.
- Los líderes de nuestra nación son importantes. No serán perfectos y cometerán errores, pero la pregunta principal es ¿siguen a Dios?
- Los buenos reyes intentaron sacar a los ídolos malos del mundo. Debemos hacer lo mismo en nuestro mundo.
- ¿Te sientes triste por cómo es el mundo hoy o solo te encoges de hombros y dices "Ah bueno"?

12

De Retorno a Casa

DANIEL; ESDRAS; NEHEMÍAS; ESTER

¿QUIÉN ES QUIÉN?

» **Daniel**—el mejor amigo de todo león.

» **Sadrac, Mesac, Abed-nego**— los tres amigos que pasaron la prueba de fuego.

» **Rey Nabucodonosor**—un mal rey babilónico que conoció al verdadero Rey.

» **Zorobabel**—un constructor y contratista general.

» **Esdras**—un sacerdote estricto.

» **Nehemías**—un catador de bebidas y constructor de muros

» **Ester**—una reina hermosa e inteligente que salva a su pueblo.

» **Rey Ciro**—un rey persa quien era la respuesta a una profecía.

¿DÓNDE ESTAMOS?

» **Jerusalén**—una ciudad desolada que se ha renovado por completo.

» **Babilonia**—El reino que alguna vez fue poderoso y cae en una noche.

DATOS INTERESANTES DE ESTA SECCIÓN

» Daniel es uno de los pocos personajes de la Biblia de los que no se oye nada negativo.

» La Biblia menciona los nombres de solo dos ángeles (además de Satanás): Miguel y Gabriel. Daniel fue visitado por ambos.

» Dios no se menciona por su nombre en el libro de Ester, pero su presencia es conocida por la forma en que muchas cosas encajan.

» El nombre de Hageo se pronuncia "ha-geo."

» Zacarías y Ezequiel tienen algunas de las visiones más extrañas de la Biblia. Las visiones no siempre eran fáciles de poner en práctica, pero a veces estaban diseñadas para mostrar el poder y el misterio de Dios.

» Malaquías tiene el honor de ser el último libro del Antiguo Testamento. También fue escrito al final.

¡Agua y verduras, por favor! (DANIEL 1-2)

Después de que Babilonia invadiera Jerusalén, seleccionaron a grupos de personas que consideraban más geniales que todos los demás: personas que creían que eran las más inteligentes, las más guapas, las más bellas y las mejores líderes.

Babilonia quería convertirlos en babilonios enseñandoles su lengua y su literatura. Para ello, les dieron la mejor comida y bebida como parte de un programa de entrenamiento de tres años.

Cuatro hombres entre los exiliados se llamaron Daniel, Ananías, Misael y Azarías. El funcionario a cargo de los hombres rebautizó a estos tres últimos como Sadrac, Mesac y Abed-nego. Los cuatro vieron el propósito de este programa y rechazaron la comida, prefiriendo comer durante diez días una dieta de verduras y agua.

El oficial estaba nervioso, pero vio, después de diez días, que se veían bien. Dios les dio un conocimiento y una comprensión increíbles. Daniel podía interpretar visiones y sueños. El rey Nabucodonosor dijo que estos cuatro muchachos eran diez veces más inteligentes que los magos y sabios de su corte.

> **Estos sabios eran los antepasados de los mismos sabios que visitaron a Jesús. Conocían las escrituras porque los judíos vinieron una vez entre ellos en el exilio.**

Entonces, una noche, Nabucodonosor tuvo un sueño que le molestó mucho. Sus magos, hechiceros y astrólogos le pidieron que contara el sueño para poder interpretarlo. Nabucodonosor dijo que no. "¡Ustedes son muy inteligentes, cuéntenme el sueño!"

Pensaron que era una broma, pero no lo era. De hecho, si nadie podía contarle su propio sueño, todos morirían. Pero alguien se acordó de la capacidad de

Daniel.

Daniel oró, ayunó y se presentó ante Nabucodonosor. “Por favor, no mates a nadie. Mi Dios me ha dicho tu sueño”. Entonces Daniel reveló con precisión el sueño de una estatua con cuatro partes: oro, plata, hierro y barro cocido. La estatua representaba a los reyes que Dios ha puesto y pondrá en el poder a lo largo de los siglos.

El Rey Nabucodonosor cayó de cara. Daniel lo hizo. Los sabios de Babilonia se salvaron. "Tu Dios es el Dios de los dioses y el Señor de los reyes", dijo Nabucodonosor. Como resultado, Daniel obtuvo un ascenso como líder de todos los sabios.

El horno arde aquella noche en Babilonia

(DANIEL 3)

El rey finalmente olvidó su declaración de glorificar a Dios y decidió glorificarse a sí mismo con una estatua gigante y le dijo a la gente que la adorara. Cada vez que la música empezaba a sonar, todos tenían que orar en dirección a esta estatua de oro. Si no lo hacían, serían arrojados a un horno de fuego.

Tres hombres se negaron a inclinarse.

Sadrac, Mesac y Abed-nego. Ellos fueron arrestados y llevados al horno. Nabucodonosor dijo: "¿Qué dios puede salvarlos ahora?" Los hombres respondieron: "Nuestro Dios puede salvarnos de un horno en llamas, pero, aunque no lo haga, no nos inclinaremos ante tu dios".

Los soldados llevaron a Sadrac, Mesac y Abed-nego al horno, que estaba tan caliente que los soldados morían con solo acercarse a él. Pero Sadrac, Mesac y Abed-nego no murieron. De hecho, caminaron dentro del horno. Nabucodonosor miró más de cerca y creyó ver a un cuarto hombre caminando entre ellos. ¿Un ángel? ¿Dios?

Les ordenó que salieran. Nada en los cuerpos de Sadrac, Mesac y Abed-nego estaba siquiera ligeramente quemado. ¡Ni siquiera olían a humo! "Tu Dios es más grande que cualquier otra cosa", dijo Nabucodonosor. Pero, ¿realmente creyó el rey?

Un sueño loco (DANIEL 4)

Nabucodonosor tuvo otro sueño y llamó a Daniel. Esta vez dijo el sueño en voz alta. Se trataba de un árbol, de sus hojas y de los animales que vivían a su alrededor. El árbol fue cortado y los animales se dispersaron.

Daniel le conto cuidadosamente a Nabucodonosor las malas noticias. "Tú eres ese árbol, y un día perderás la razón. Serás expulsado del pueblo y vivirás con los animales salvajes".

Doce meses después, Nabucodonosor salió a su pórtico y miró su gran reino. Orgulloso dijo: "Todo esto ha sucedido porque soy un rey poderoso". Inmediatamente, una voz del cielo lo llamó y lo echo de Babilonia.

Nabucodonosor vivía como un animal salvaje: su pelo crecía como plumas, sus uñas como largas garras. Finalmente, Nabucodonosor se volvió al cielo y glorificó a Dios por encima de cualquier otro dios. Su cordura regresó cuando se volvió humilde.

La escritura en la pared (DANIEL 5)

Belsasar, hijo de Nabucodonosor, se convirtió más tarde en rey de Babilonia, y decidió dar una gran fiesta. Durante la fiesta, pidió las copas de oro y plata que Nabucodonosor tomó del templo judío. Quería beber de ellas durante la fiesta.

Mientras festejaban, una mano humana comenzó a escribir en una pared de la sala. ¡Era espeluznante! Vieron las palabras que estaban escritas, pero no entendieron el significado. Belsasar prometía riquezas y poder a cualquiera que pudiera interpretar. Alguien llamó al gran descifrador de códigos: Daniel.

Daniel llegó y rechazó cualquier recompensa por sus servicios. Miró las cuatro palabras que decía: Mene, Mene, Téquel, Parsin. Daniel conocía esas palabras. Todas ellas tenían que ver con números, pesos y medidas.

Daniel sacudió la cabeza. "Dios ha pesado tus malas acciones contra tus buenas y te has quedado corto".

Esa noche, 539 a. C., Persia atacó a Babilonia y se apoderó de la ciudad de Babilonia. Belsasar fue asesinado. Darío el Medo se hizo cargo. El reino persa comenzó.

Los leones duermen esa noche (DANIEL 6-12)

Darío nombró a sus propios líderes para gobernar el reino. En realidad, le gustaba Daniel y le dio una posición por encima de esos líderes. Lo hizo tan bien que otros administradores del reino persa se pusieron celosos. Ellos trataron de encontrar una manera de atraparlo.

Los administradores crearon una ley que decía que cada vez que alguien orara a alguien que no fuera el Rey Darío, sería arrojado al foso de los leones. Darío firmó la ley.

Daniel se enteró de la ley, abrió sus ventanas y oró en voz alta al Dios verdadero. Fue arrestado y llevado ante

Darío, que estaba triste. A él le agradaba mucho Daniel, pero una regla era una regla y Daniel tenía que pagar.

Darío esperaba que el Dios de Daniel lo salvara mientras Daniel era arrojado al foso de los leones. Darío no pudo dormir esa noche.

A la mañana siguiente muy temprano, Darío hizo abrir el foso, donde encontró a Daniel vivo. "Anoche, un ángel cerró la boca de los leones para que no pudieran hacerme daño".

Darío declaró que el Dios de Daniel era el Dios de todos los dioses y arrojó al mismo foso de los leones a las personas que intentaron matar a Daniel. Inmediatamente, fueron devorados por los leones cazadores.

Daniel siguió viviendo, teniendo muchas visiones y visitas de dos ángeles, Miguel y Gabriel. La información que recibió le contaba de eventos futuros y advertencias de juicio sobre el mundo. Muchos todavía interpretan sus visiones como señales del fin de los tiempos.

Los profetas le atinaron (EZEQUIEL, ISAÍAS)

Jeremías profetizó correctamente que el pueblo de Israel estaría en cautiverio bajo Babilonia durante setenta años (25:11). Luego, dijo, Babilonia sería castigada (25:12). Luego, Jeremías dijo que los judíos regresarían a Jerusalén (29:10). Jeremías murió en Egipto, donde fue apresado por su propio pueblo.

El profeta Ezequiel pronunció las palabras y advertencias de Dios durante la última parte del tiempo de Jeremías. Ezequiel estuvo antes de la tercera y última invasión babilónica, tratando de advertir al pueblo de Jerusalén de su pecado. Vivió en el exilio, haciendo viajes visionarios a Jerusalén y viendo cosas salvajes e increíbles, y predijo el regreso del exilio y una futura restauración de Israel.

Más de cien años antes de que Persia llegara al poder, el profeta Isaías dijo, tres veces en tres versículos, que un gobernante llamado Ciro sería la "justicia" de Dios, y que sería utilizado para reconstruir Jerusalén. Cuando Persia venció a Babilonia, eso es exactamente lo que sucedió. Persia permitió a Israel volver a Jerusalén y restaurar su ciudad.

Jerusalén 2.0 (ESDRAS 1-6; HAGEO; ZACARÍAS)

Durante el reinado de Ciro, el rey de Persia, Zorobabel condujo al primer grupo de exiliados de vuelta a Jerusalén para iniciar el proceso de reconstrucción alrededor de 538-536 a. C. Ciro les dio un permiso y una licencia de construcción para regresar a su tierra natal. Más de cuarenta mil personas aprovecharon la oportunidad de volver a casa. Llevaron de regreso los objetos robados de su templo.

Su primera prioridad fue construir un altar para que los sacrificios pudieran continuar. Los levitas se unieron al esfuerzo para asegurarse de que todo estuviera alineado bíblicamente para poder celebrar las fiestas. A un hombre llamado Josué se le asignó el cargo de sumo sacerdote.

Su siguiente prioridad era poner los cimientos del templo. Los cimientos son la parte más importante para asegurar que el templo no se caiga. La gente celebró, cantó y adoró a Dios, y algunos lloraron al recordar la antigua gloria del templo.

Sin embargo, siempre hay oposición cuando se pone en marcha algo bueno para Dios. A los forasteros que vivían en Jerusalén antes del regreso de los exiliados no les gustaba que les quitaran su tierra. Iniciaron rumores y mentiras. Sobornaron a los funcionarios y crearon muchas dudas y caos. Enviaron un mensaje al rey de la época, diciendo cosas como: "Esta gente es rebelde y sólo tratará de hundirte". El rey suspendió la reconstrucción.

Alrededor del año 520 a.C., cuando la construcción se estancó, dos profetas hablaron. Hageo advirtió que, si el pueblo no avanzaba, habría una sequía. Sus palabras agitaron el espíritu de Zorobabel. Cuatro veces Hageo animó a Zorobabel a seguir adelante a pesar de la oposición que escuchaba.

Zacarías también profetizó durante este tiempo, y

sus visiones fueron salvajes. Vio a un hombre sobre un caballo entre árboles de arrayanes, a un hombre con un cordel de medir, un rollo que volaba, una mujer en un recipiente y cuatro carros.

¿Qué significaba todo esto? Dios quería que el pueblo volviera a adorar a Dios. No iba a suceder por la fuerza y el poder, sino por el Espíritu de Dios. Él prometió enviar a alguien para unir a Israel. Esta persona sería atravesada y moriría para limpiar a todos de sus pecados.

Sí, los profetas estaban preparando al pueblo para Jesús, que no llegaría hasta dentro de cuatrocientos o quinientos años.

En muchos sentidos, este prometido sería un pastor que guiaría al pueblo y un rey que lo gobernaría. Finalmente, la confusión se aclaró y el proceso de construcción continuó. El Rey Darío de Persia afirmó que Ciro había dado permiso a los israelitas para reconstruir, y que nada podría detenerlos. De hecho, si alguien lo intentaba, sería ejecutado. El templo se completó y se celebró la Pascua.

Esdras y Nehemías llegan a la ciudad (ESDRAS 7- 10; NEHEMÍAS)

En el año 458 a. C., el sacerdote Esdras llegó de Babilonia a Israel con una nueva oleada de exiliados que regresaban a casa durante el reinado de Artajerjes. Esdras tenía el don de la enseñanza, y su sabiduría traería grandes cambios a Israel. Vio que los israelitas se casaba con gente de fuera de Israel y que volvían a adorar a sus dioses en Jerusalén.

Esdras predicó al pueblo, quienes se dieron cuenta de su pecado y se confesaron. Muchos dedicaron su vida a Dios y obedecieron sus mandatos.

Alrededor del año 444 a.C., Nehemías trabajó como copero del rey Artajerjes. Su trabajo consistía en sorber la bebida del rey para asegurarse de que no estuviera envenenada. Eso lo hizo muy cercano al rey. Un día, Artajerjes vio que Nehemías estaba triste. Le preguntó por qué.

Nehemías había escuchado noticias sobre Jerusalén. El muro que rodeaba la ciudad estaba derrumbado, lo que exponía a los enemigos. El rey le dio permiso y dinero para volver Jerusalén y reconstruir el muro.

Nehemías reunió a toda la gente para reconstruir las secciones del muro más cercanas a ellos. También trabajaron en las puertas para que la gente pudiera entrar y salir con seguridad de la ciudad.

Como con cualquier cosa para Dios, la oposición se levantó para detener el proceso de construcción. Tres hombres, Sanbalat, Tobías y Gesem, comenzaron a difundir rumores y a lanzar amenazas. Se colocaron guardias para detener cualquier ataque.

Mientras tanto, Nehemías, ahora gobernador de Jerusalén, ayudó a los pobres que intentaban sobrevivir mientras construían el muro. Se salvó de ser asesinado por sus enemigos.

A pesar de todo esto, el muro se completó en un tiempo récord: ¡cincuenta y dos días!

Mientras tanto, Esdras, leía diariamente el libro de la ley al pueblo. Se estableció un liderazgo, empezando por los sacerdotes.

Los israelitas confesaron sus pecados y se dedicaron a Dios. Hicieron promesas de vivir para Dios. Dedicaron el muro a Dios con el canto de los coros y los sacrificios realizados.

Nehemías entregó todo a su hermano y volvió a su trabajo de copero. Pero no pasó mucho tiempo hasta que todo se desmoronó de nuevo. Alrededor del año 433 a.C., Nehemías se enteró de que había extranjeros viviendo en el templo, de que se celebraban matrimonios con forasteros y de que se volvía a adorar a los ídolos. (Los forasteros eran los que adoraban a otros dioses, no las personas que eran racialmente diferentes). Nehemías enojado regresó y cambió las cosas.

Ester, la reina de la belleza (ESTER)

Otra historia importante ocurrió en Persia que pudo haber sido muy mortal para los israelitas alrededor del 485 a. C. El rey, Asuero hizo una gran fiesta de siete días para celebrar su reino. Pidió que su esposa, la reina Vasti, saliera para poder presumirla ante sus amigos. Cuando ella se negó, comenzó a buscar otra esposa.

Se celebró un concurso de belleza para encontrar la mejor esposa para Asuero. Un hombre llamado Mardoqueo tenía una prima llamada Hadasa, a la que adoptó cuando sus padres murieron. Ella también se llamaba Ester. Ester se presentó al concurso y llegó a las rondas finales. Sin embargo, ella nunca le contó a nadie que era judía.

Después de un año de tratamientos de spa y cambios de imagen, Ester consiguió la mano del rey y se convirtió en reina de Persia. Mardoqueo, por su parte, se enteró de una conspiración para matar al rey y alertó a los guardias, que arrestaron a los asesinos. Amán trabajaba estrechamente con el rey como su consejero.

A Amán no le gustaba Mardoqueo porque nunca se

inclinaba cuando pasaba Amán como hacían todos los demás. Mardoqueo solo se inclinaba ante Dios. Amán se enteró de que Mardoqueo era judío, así que engañó al rey para que firmara una orden para que los persas mataran a todos los judíos en una fecha determinada.

Mardoqueo acudió a Ester, pidiéndole que suplicara ayuda al rey. Pero incluso las reinas debían ser cuidadosas de que como hablaba con el rey. Ester sabía que Dios la había puesto en esta posición para salvar a su pueblo. Después de ayunar y orar, Ester ideó un plan.

Asuero vio a Ester en su corte y le preguntó si quería algo. Ester invitó a Asuero a un banquete que celebraría en su honor. Amán también fue invitado. El banquete fue un éxito, y Asuero volvió a preguntar a Ester si quería algo. Ella dijo que sí: otro banquete. Amán también podía asistir a él.

Amán, sintiéndose muy bien consigo mismo, preparó una enorme estaca para matar a Mardoqueo: ¡tenía como 25 metros de altura!

Una noche, Asuero no podía dormir, así que hizo que le leyeran los aburridos registros históricos. Los registros le recordaron la gran cosa que hizo Mardoqueo para salvar su vida. Le preguntó a Amán cuál era la mejor manera de honrar a una gran persona. Amán pensó que el rey se refería a él, así que dijo: "Haz desfilar al hombre en un caballo mientras es conducido por las calles y que alguien proclame cuán grande es el hombre del caballo". A Asuero le encantó la idea. Le dijo a

Amán que llevara a Mardoqueo en un caballo y proclamara su grandeza.

Amán lo hizo, pero se enfadó mucho. Le dijo a su familia que estaba deseando matar a Mardoqueo. Pero ahora era la hora del banquete.

En el banquete, Asuero pidió por tercera vez a Ester que compartiera cualquier petición que tuviera en su corazón. Ester hizo el anuncio.

"¡Salva a mi pueblo! Alguien te ha engañado para que firmes una orden para matarlos a todos".

Asuero se sorprendió. "¿Quién me engañó?" "¡Este vil hombre, Amán!"

Asuero no podía creerlo. Su asistente de confianza. Asuero salió al jardín. Mientras tanto, Amán suplicaba a Ester, cayendo en el sofá donde estaba sentada Ester. Desde el punto de vista de Asuero, parecía como si Amán estuviera atacando a su esposa. Asuero ordenó matar a Amán. Alguien sugirió usar la estaca que Amán acababa de construir (ya sabes, la que era para Mardoqueo). Asuero pensó que era una buena idea, y Amán fue ejecutado.

Ahora Mardoqueo se convirtió en el segundo al mando del rey, y el grupo tuvo una idea para salvar a los judíos. El rey estableció otra regla: los judíos podían defenderse. Cuando la gente trató de matar a los judíos según la ley de Amán, los judíos se defendieron según la regla de Mardoqueo. Ningún judío murió.

Ester, hasta el día de hoy, es honrada a través de una festividad llamada Purim.

Las últimas palabras (MALAQUÍAS)

Cuando Jerusalén e Israel comenzaron el proceso de reconstrucción, los sacerdotes y profetas trabajaron para dejar de repetir los mismos pecados que metieron a la nación en problemas con Dios en primer lugar.

El último profeta que habló a Israel en nombre de Dios fue Malaquías, alrededor del año 420 a. C. Dios no estaba contento con los sacerdotes y los tipos de sacrificio que ofrecían. En lugar de sacrificios perfectos, se deshacían de los animales ciegos, lisiados o enfermos. No le dieron a Dios lo mejor. Los sacerdotes eran malos ejemplos de líderes de adoración para el pueblo.

Muchos no dieron sus ofrendas completas El diezmo significa el 10 por ciento, y la gente dio menos. A los ojos de Dios, eso es un robo. La gente estaba robando lo que le pertenecía a Dios. El diezmo era un requerimiento de la ley. Los cristianos de hoy no están obligados dar el diezmo, sino que deben dar por su amor y agradecimiento por el regalo de Dios, su Hijo.

Dios declaró que Él no cambia. Siempre fue un Dios de misericordia y juicio. Perdona, pero también castiga. La puerta estaba siempre abierta para que el pueblo se humillara y volviera a él. Dios siempre promete perdonar a su pueblo si se confiesa y se humilla. Dios hizo una promesa a Israel. Enviaría un mensajero a los corazones del pueblo. Como una refinería, quemaría toda la suciedad del pecado. Como un jabón de lavandería, los limpiaría del pecado.

> **Este hombre era Juan el Bautista, que anunciaba a la gente la llegada del Mesías.**

Este hombre sería un profeta al estilo de Elías. Su trabajo consistiría en volver el corazón de las personas hacia sus familias y hacia Dios.

Muchos esperaban la llegada de este hombre, que finalmente se produjo, cuatrocientos años después.

¿CUÁLES SON LAS IDEAS PRINCIPALES EN ESTE CAPÍTULO?

- El libro de Ester demuestra que Dios siempre está trabajando tras bastidores, haciendo que los acontecimientos y las circunstancias avancen hacia sus propósitos.
- En solo unos momentos, Dios tiene el poder de derribar una nación y levantar una nueva.
- Dios puede cerrar la boca de los leones y de las personas que te rodean si quieren hacerte daño
- La historia es SU historia. Dios moldea la historia para que se ajuste a su propósito.

13

Él Está Aquí

MATEO 1-2; LUCAS 1-2

¿QUIÉN ES QUIÉN?

» **Zacarías**— Padre de Juan el Bautista, quien fue puesto en silencio.

» **Elisabet**— Madre de Juan el Bautista.

» **Gabriel**— un ángel que entrega mensajes del cielo.

» **María**— mamá de Jesús y fiel sierva de Dios.

» **José**— padre de Jesús en la tierra y un gran soñador.

» **Jesús**— Dios que viene a la tierra como un bebé.

» **Los Hombres Sabios**— hombres muy inteligentes que le traen regalos de cumpleaños a Jesús.

» **Herodes**— un rey que odiaba escuchar que otro rey había nacido en la ciudad.

» **Pastores**— trabajadores en el turno de noche que reciben un concierto cantado por ángeles.

¿DÓNDE ESTAMOS?

- **Nazaret**– un pueblo en las montañas donde María y José se conocieron.
- **Belén**– una pequeña ciudad como dice la canción.
- **Egipto**– La familia de Jesús se escondió allí al igual que las familias del Antiguo Testamento lo hicieron.

DATOS INTERESANTES DE ESTA SECCIÓN

- Navidad o misa de Cristo significa "una reunión para celebrar a Jesús".
- Un Mesías es alguien que salva a las personas de sus pecados. Cristo es otro nombre de la palabra Mesías.
- José tiene el récord de la mayor cantidad de sueños en la Biblia: cuatro.
- Gabriel es un ángel mensajero. Envió mensajes importantes a Daniel, Zacarías y María.
- No sabemos si solo hubo tres reyes magos. Pensamos que, por haber tres regalos, solo había tres hombres, pero dos podrían haber traído oro, cinco incienso y tres mirra, por ejemplo.

Dios castiga a Zacarías (LUCAS 1:1-25)

Alrededor del año 7 a. C., un sacerdote llamado Zacarías trabajó en el templo de Jerusalén. Él y su esposa, Elisabet no podían tener hijos. Mientras Zacarías quemaba incienso en el templo, el ángel Gabriel apareció y le dijo que él y su esposa tendrían un hijo

y lo llamarían Juan. ¡Este niño estaría lleno del Espíritu Santo antes de nacer!

Zacarías dudó, y preguntó: ¿cómo podía suceder esto?, ya que ellos estaban envejeciendo. Gabriel dijo que Zacarías no hablaría más porque dudó.

Salió del templo y la gente estaba asombrada ¡No podía hablar! Sabían que había visto algo que le quitó la voz.

Tiempo después, Elizabeth quedó embarazada. Gabriel tenía razón.

María sabe (LUCAS 1:26-56)

Seis meses después, en Nazaret, un pequeño pueblo de la región montañosa de Galilea, vivía una joven llamada María. Estaba comprometida con un hombre llamado José. Gabriel se le apareció de repente yle dijo: “Hola, señorita, amada por Dios. El Señor está contigo". Estas palabras la estremecieron. Entonces Gabriel le contó la noticia.

“Dios tiene un plan especial para ti. Darás a luz a un niño y lo llamarás Jesús. Él será un gran hombre porque es el Hijo de Dios y se sentará en el trono de

David para siempre."

María, naturalmente, estaba confundida. "¿Cómo puede suceder eso si soy virgen?"

Profecía cumplida: "Por tanto, el Señor mismo os dará señal: He aquí que la virgen concebirá, y dará a luz un hijo, y llamará su nombre Emanuel (Isaías 7:14).

Gabriel le dijo que el Espíritu Santo lo haría posible, y que incluso su prima Elisabet estaba embarazada milagrosamente. María accedió humildemente a todo lo que el Señor había planeado.

Su futuro esposo, José, obviamente tenía algunas preguntas. Consideró cancelar la boda, pero un ángel lo visitó en un sueño y le dijo que Dios estaba detrás de todo. Él estuvo de acuerdo en seguir adelante con sus planes.

Luego, María visitó a Elisabet, quien estaba visiblemente embarazada. Cuando se conocieron, Juan saltó en el vientre de Elisabet, ahora muy cerca de Jesús que se estaba desarrollando dentro de María. Todos sabían que algo especial estaba sucediendo ahí.

Su nombre es Juan (LUCAS 1:57-80)

María se quedó por tres meses, probablemente para presenciar el nacimiento del bebe de

Elisabeth. Elisabet. Ocho días después, de acuerdo con las reglas judías, Zacarías y Elisabet llevaron a su bebé varón al templo para dedicarlo a Dios y recibir un nombre.

Mucha gente lanzó sugerencias para un nombre. Zacarías tomó una tablilla de escritura y escribió: "¡Su nombre es Juan!" En ese momento, su lengua se soltó y habló. Todos estaban asombrados.

Juan se fortaleció en espíritu y vivió en el desierto.

Lejos, en un pesebre (LUCAS 2:1-40)

En ese momento, Israel estaba gobernado por el imperio romano, que vino después de los persas y los griegos (¡todo lo cual fue profetizado por Daniel!). Alrededor del año 6 a. C., el gobierno romano llevó a cabo un censo, una época en la que se contaban todas las personas para que Roma pudiera cobrar impuestos y pudiera obtener dinero. Todos debían registrarse en el pueblo de su familia. José, que era descendiente de David, tuvo que regresar a su ciudad natal, Belén.

Profecía cumplida: "Pero tú, Belén Efrata, pequeña para estar entre las familias de Judá, de ti me saldrá el que será Señor en Israel; y sus salidas son desde el principio, desde los días de la eternidad. (Miqueas 5:2)

Pero él y María llegaron demasiado tarde; todas las habitaciones de huéspedes estaban ocupadas. Alguien les ofreció un lugar donde los animales dormían. Al menos no estarían a la intemperie.

Esa noche, dio a luz a un niño. No había cuna alrededor, así que lo colocaron en un pesebre, un lugar del que comían los animales.

Cerca de allí, los pastores vigilaban los campos por la noche. De repente, todo un ejército de ángeles apareció en el cielo, cantando alabanzas a Dios. "¡Buenas noticias para todos! ¡Hoy, en la ciudad de David, nació un Salvador! ¡El Prometido de las Escrituras! Encontrarás a un bebé envuelto en telas y acostado en un pesebre".

Los pastores entraron al pueblo y encontraron a

José, María y el niño Jesús. Fueron y se lo dijeron a otros, glorificando y alabando a Dios.

Ocho días después del nacimiento de Jesús, las reglas judías decían que el bebé varón debía ser llevado al templo, nombrado y luego dedicado al Señor. María y José fueron y se encontraron con un hombre llamado Simeón, a quien el Espíritu Santo le había dicho que vería al Mesías del Señor. Él vio al niño Jesús y alabó a Dios.

Una mujer llamada Ana, que era viuda, pasó más de sesenta años en el templo esperando ver al Cristo. Ella fue donde ellos muy emocionada porque pudo ver al niño.

Los hombres sabios (MATEO 2:1-12)

Al este de Israel, en el área conocida como Iran/ Iraq hoy en día, eruditos realmente inteligentes (conocidos como hombres sabios) leyeron las Escrituras Judías, probablemente se fueron después del exilio de los judíos a Babilonia. Vieron una profecía sobre una estrella que anunciaría un rey nacido de los judíos. Esa estrella iluminó un área al oeste de ellos, hacia la nación de Israel.

Cargaron sus camellos y empezaron su viaje para la visita.

Naturalmente, pensaron que el rey actual, Herodes, sabía todo sobre las profecías y la estrella que se desplazaba sobre Israel, Él no sabía y les dijo a los hombres que investigaran y le informaran. Herodes no quería que naciera otro rey en Israel; ¡Secretamente quería matar al bebé!

La profecía apuntaba a la ciudad de Belén, por lo que los sabios fueron en esa dirección, siguiendo la estrella. Cuando descubrieron a María, José y al niño Jesús, cayeron de rodillas y lo adoraron. Le dieron a la familia obsequios de oro, incienso y mirra. En el camino de regreso a Herodes, un sueño les dijo que no le dijeran nada.

> Profecía cumplida: "De sus manos destilarán aguas, Y su descendencia será en muchas aguas; Enaltecerá su rey más que Agag, Y su reino será engrandecido." (Números 24:7)

Pero Herodes se enteró y se enojó, porque los sabios lo ignoraron, por lo que envió a sus propios soldados a Belén para matar a todos los niños varones de dos años o menos, según la información que le dieron los sabios. (¡Observa cuán similar es esto a lo que sucedió en los días de Moisés cuando él nació!) José tuvo un sueño de llevarse a su familia y escapar a salvo a Egipto.

Jesús: los primeros años (MATEO 2:13-23; LUCAS 2:41-52)

José y su familia estaban a salvo en Egipto. Herodes no tenía poder sobre esa área. Después de la muerte de Herodes en el 4 a. C., José tuvo otro sueño que le dijo que regresara. Esta vez la familia fue a Nazaret, de regreso a su ciudad natal.

Profecía cumplida: "Cuando Israel era muchacho, yo lo amé, y de Egipto llamé a mi hijo." (Oseas 11:1).

Jesús creció muy normal. Como cualquier niño, adoptó el oficio de su padre: la carpintería. Construyó cosas como muebles, pero también casas.

No sabemos nada sobre los días de Jesús antes de los doce años, que tradicionalmente para un niño judío es el último año de su infancia.

Como todas las buenas familias judías, José y María fueron a Jerusalén para la Pascua. Acudió una gran multitud, alrededor de setenta personas. Una vez que terminaron las festividades, regresaron a casa.

Tres días después, José y María se dieron cuenta que Jesús no estaba con ellos. Regresaron a Jerusalén y, después de buscar por todas partes, lo encontraron en el templo, hablando con los rabinos y eruditos. Estos maestros quedaron impresionados por el conocimiento de Jesús.

José y María lo llevaron a un lado y le preguntaron porque se iba así sin avisarles. Jesús respondió, sus primeras palabras escritas en la Biblia: "¿No sabían que podrían encontrarme en la casa de mi Padre?"

De regreso en Nazaret, Jesús continuó creciendo, física, mental y espiritualmente, convirtiéndose en un hombre hasta la edad de treinta años. Salió de casa para visitar a un viejo amigo que conoció cuando estaba en el vientre de su madre: su primo Juan.

¿CUÁLES SON LAS IDEAS PRINCIPALES EN ESTE CAPÍTULO?

- Todos, desde simples pastores hasta eruditos inteligentes, buscaron a Jesús y lo adoraron. Todos están invitados a encontrar a Jesús.
- Se sabe muy poco sobre Jesús durante su infancia. Era muy normal,pero supo quién era gracias a sus padres y a sus días escolares en la sinagoga local. A la edad de doce años,Jesús sabía que era el Hijo de Dios.
- En Navidad celebramos que Dios vino a la tierra para estar con nosotros. La palabra Emmanuel significa "Dios está con nosotros". Es un acto de humildad de entrega de Dios hacia nosotros al hacer tanto y venir a esta tierra.

14

Comienza la Operación Jesús

MATEO 3-4; MARCOS 1; LUCAS 3-4; JUAN 1-4

¿QUIÉN ES QUIÉN?

- **Zacarías**– Padre de Juan el Bautista, quien fue puesto en silencio.
- **Elisabet**– Madre de Juan el Bautista.
- **Gabriel**– un ángel que entrega mensajes del cielo.
- **María**– mamá de Jesús y fiel sierva de Dios.
- **José**– padre de Jesús en la tierra y un gran soñador.
- **Jesús**– Dios que viene a la tierra como un bebé.
- **Los Hombres Sabios**– hombres muy inteligentes que le traen regalos de cumpleaños a Jesús.
- **Herodes**– un rey que odiaba escuchar que otro rey había nacido en la ciudad.

» **Pastores**– trabajadores en el turno de noche que reciben un concierto cantado por ángeles.

¿DÓNDE ESTAMOS?

» **Nazaret**– un pueblo en las montañas donde María y José se conocieron.

» **Belén**– una pequeña ciudad como dice la canción.

» **Egipto**– La familia de Jesús se escondió allí al igual que las familias del Antiguo Testamento lo hicieron.

DATOS INTERESANTES DE ESTA SECCIÓN

» Navidad o misa de Cristo significa "una reunión para celebrar a Jesús".

» Un Mesías es alguien que salva a las personas de sus pecados. Cristo es otro nombre de la palabra Mesías.

» José tiene el récord de la mayor cantidad de sueños en la Biblia: cuatro.

» Gabriel es un ángel mensajero. Envió mensajes importantes a Daniel, Zacarías y María.

» No sabemos si solo hubo tres reyes magos. Pensamos que, por haber tres regalos, solo había tres hombres, pero dos podrían haber traído oro, cinco incienso y tres mirra, por ejemplo.

Hola, a todos, Juan está aquí (MATEO 3:1-7; MARCOS 1:1-11; LUCAS 3:1-23)

Treinta años después, Juan creció y vivió en el desierto junto al río Jordán. (¿Recuerdas cuando los israelitas cruzaron por primera vez el río Jordán para reclamar la Tierra Prometida?) Comenzó a bautizar a las personas en el río. Para ser bautizada, una persona tenía que comprometerse a estar limpia de pecados y luego lavarse en agua para mostrar a los demás que sus pecados fueron perdonados o que fueron limpiados. Juan era como un mensajero, diciéndoles a todos que el Mesías, el Prometido de las profecías del Antiguo Testamento, vendría pronto a estar con ellos. Juan quería que todos estuvieran preparados para este Mesías, así que confesaron sus pecados para ser limpiados de estos. La gente salió a escuchar a Juan y se bautizó; por eso se le conoce como Juan el Bautista o el Bautista.

Profecía cumplida: " E irá delante de él con el espíritu y el poder de Elías, para hacer volver los corazones de los padres a los hijos, y de los rebeldes a la prudencia de los justos, para preparar al Señor un pueblo bien dispuesto." (Lucas 1:17)

Un día, Jesús se acercó mientras Juan bautizaba a las personas. Juan lo vio y dijo: "¡Es el Cordero de Dios que ha venido a quitar el pecado del mundo!" Eso le indicó a la gente que Jesús vino como sacrificio para morir por sus pecados.

Jesús pidió ser bautizado y luego se metió en el agua.

Mientras Juan lo bautizaba, vino una voz del cielo y dijo: "Este es mi Hijo y estoy muy contento con él ". Luego, algo que parecía una paloma descendió sobre la cabeza de Jesús. Fue el Espíritu Santo.

En un momento único, la Trinidad entera (Padre, Hijo, y Espíritu Santo) apareció junta.

Tentación en el desierto (MATEO 4:1-11; MARCOS 1:12-13; LUCAS 4:1-13)

Jesús fue al desierto y ayunó durante cuarenta días. Es mucho tiempo sin comer, pero Jesús quería concentrarse en el trabajo que tenía por delante. Él se apartó de todas las distracciones y se dirigió a una zona desierta donde no viva nadie.

> Los israelitas caminaron por el desierto durante cuarenta años a causa de su pecados, muchas veces quejándose de la comida. Jesús sobrevivió cuarenta días en el desierto sin comida y sin pecar.

Satanás, el diablo, pensó que este sería un buen momentopara tentar a Jesús. Jesús era Dios en un cuerpo humano. Él vino a morir como un sacrificio perfecto, y como un sacrificio perfecto no pecó.

Si Jesús escuchaba las tentaciones para pecar de Satanás, entonces Jesús ya no sería digno de morir por nuestros pecados.

Satanás se paró ante un Jesús hambriento, y le dijo que convirtiera las rocas a su alrededor en pan.

Jesús le dijo que una persona no vive solo de pan. La gente necesita cosas espirituales más que comida.

Entonces Satanás lo llevó a Jerusalén y a la parte superior del templo, y le dijo a Jesús que se arrojara y dejara que los ángeles lo atraparan. Jesús se negó. Satanás lo llevó a lo alto de una montaña y le mostró todas las ciudades, prometiendo que Jesús sería el gobernante de todas ellas si adoraba a Satanás. Jesús se negó. Él ya era Dios, gobernante, sobre todo, y no quería gobernar sobre un mundo que estaba corrompido por el pecado.

Satanás siempre quiso ser Dios, así que, si podía decirle a Dios lo que tenía que hacer, entonces sería más grande que Dios. Jesús lo rechazó.

Jesús pasó la prueba de las tres tentaciones. Los ángeles se acercaron a él y lo ayudaron a recuperar las fuerzas.

Los estudiantes de Jesús (JUAN 1:35-51)

En aquellos días, un rabino o un maestro les pedía a los discípulos que lo siguieran. Jesús quería reunir a un grupo de doce hombres para que aprendan de él durante los próximos tres años. Estos estudiantes eran conocidos como apóstoles porque Jesús específicamente les pidió que lo siguieran. Jesús tuvo muchos discípulos, pero solo doce apóstoles.

Mientras Jesús caminaba, dos personas lo siguieron. Lo conocían por el incidente con Juan el Bautista, diciendo: "¡Ahí está el Cordero de Dios!" Se quedaron y hablaron con Jesús. Uno de ellos era Andrés, un pescador de Capernaúm. Se fue a su casa para decirle a su hermano, Simón, que había conocido al Mesías. Todos se encontrarían más adelante.

Jesús se encontró con un hombre llamado Felipe y le dijo: "Sígueme". Felipe le dijo a su amigo Natanael: "Encontramos al Mesías que las Escrituras prometieron que vendría algún día. Su nombre es Jesús y es de Nazaret ". Natanael hizo una mueca. "¿Nazaret? ¿Puede salir algo bueno de allí? Felipe le dijo que fuera a encontrarse con Jesús.

Jesús vio a Natanael acercándose y dijo: "Te vi cuando estabas sentado debajo de esa higuera." Natanael se preguntó, ¿Cómo pudo verme alguien en ese momento? Yo estaba solo. ¿Puede ser . . . Dios?

Natanael creyó. Jesús prometió mostrarle muchas más cosas increíbles.

Los que se colaron a la boda (JUAN 2:1-12)

Jesús y sus seguidores fueron a una boda en Caná, un pequeño pueblo de Galilea. Su mamá estaba ahí. Las fiestas de boda duraban días en ese entonces. La familia necesitaba proporcionar comida y bebida todo el tiempo, pero lamentablemente esta boda se quedó sin vino

El vino tarda en elaborarse ente dos a diez semanas. Un buen vino puede tardar de un mes y hasta cinco años. Jesús creó el mejor vino que el sirviente jamás haya probado en solo segundos.

desde el inicio. Para el anfitrión de esta fiesta, eso fue una gran vergüenza. María, la madre de Jesús, quien era obviamente cercana a la familia, se acercó a Jesús y le pidió ayuda. Jesús se preguntó por qué ella lo involucró en este problema, pero volvió hacia los sirvientes y les dijo que hicieran lo que él diga. Jesús tenía seis enormes tinajas de piedra llenas de agua (de veinte a treinta galones cada una). La abundancia de vino simbolizó la venida del reino y el suministro infinito de gracia. Luego les dijo que probaran el agua. Fue el mejor vino que habían probado en su vida.

Limpieza en el pasillo 1 (JUAN 2:13-25)

La Pascua trajo a muchas personas a Jerusalén para adorar a Dios y seguir la ley. Jesús también fue al inicio de su ministerio.

Se requería que las personas trajeran un sacrificio, como una vaca, ovejas o palomas. Muchos vinieron de todo el mundo y necesitaban cambiar su dinero a la moneda local para poder comprar esos artículos.

Profecía cumplida: "Porque me consumió el celo de tu casa; Y los denuestos de los que te vituperaban cayeron sobre mí" (Salmos 69:9).

Jesús entró a los patios del templo y vio el caos donde normalmente la gente adoraba. Compraban y vendían sacrificios, intercambiaban dinero y generaban tanto ruido que la gente no podía concentrarse en la adoración.

Se aprovechaban de la gente y se enriquecían con las cosas de Dios. ¡Jesús hizo un látigo y lo estrelló contra las mesas, tirándolas y diciéndoles a todos que detuvieran todo ese ruido!

"¡Has convertido la casa de mi padre en un mercado!" Jesús amaba el templo y lo que representaba, pero la gente abusaba de él. Más tarde, Jesús regresó a este templo y vio que nadie había escuchado lo que decía ni había hecho cambios.

¿Cómo se puede "nacer de nuevo"? (JUAN 3:1-21)

Hubo varios líderes religiosos durante la época de Jesús.

Los fariseos hicieron cumplir lo que se debe y no se debe hacer en la fe judía. Incluso crearon su lista de leyes adicionales que la gente podía o no podía hacer. Los escribas eran como los expertos en la ley o abogados de la ley.

Los rabinos enseñaron la ley, como profesores en una universidad.

Los saduceos creían en la ley y en la humanidad, pero en nada espiritual fuera de lo que podían ver.

Sin embargo, todos estuvieron de acuerdo en una cosa: Jesús era una amenaza para ellos y sus trabajos. Lo odiaban.

Había un grupo de unos setenta hombres que tomaban importantes decisiones religiosas para Israel, el "Consejo" estaba formado por fariseos, escribas, rabinos, saduceos y otros ricos o influyentes.

No todos estaban en desacuerdo con Jesús. Algunos realmente entendieron su mensaje y lo aceptaron como Dios y el Mesías. Una de esas personas fue Nicodemo, un fariseo. Se acercó a Jesús una noche, cuando nadie podía verlo, y le preguntó cómo podía realizar tales señales si Dios no estaba con él.

No se elige nacer la primera vez, pero eliges nacer la segunda vez, esta vez en espíritu, en una nueva familia: la de Dios.

Jesús respondió: "Sólo alguien que nace de nuevo puede ver el reino de Dios".

Nicodemo preguntó: "¿Cómo puede alguien nacer de nuevo como un bebé cuando es viejo?"

Jesús respondió: "No, tú naciste por primera vez de carne en el mundo. Esta vez tienes que nacer del Espíritu. Si crees y tienes fe, tendrás vida eterna en ti".

Luego, en Juan 3:16, encontramos el versículo más conocido de la Biblia: "Porque tanto amó Dios al mundo que dio a su Hijo unigénito, para que todo el que cree en él no se pierda, sino que tenga vida eterna".

Jesús vino a salvar al mundo, y si crees en Él, serás salvo.

Este es un mundo oscuro, vencido por el pecado. Jesús es la luz que brilla para exponer nuestro pecado, para que podamos confesar nuestros pecados y vivir en la luz, no en la oscuridad.

Juan es arrestado (MATEO 4:12; MARCOS 1:14; LUCAS 3:19-20)

Juan el Bautista continuó haciendo grandes cosas en el desierto, bautizando a la gente y señalándoles a Jesús, diciendo que el Mesías finalmente había venido a la tierra.

También habló la verdad sobre el pecado que vio. Una persona contra la que habló fue Herodes Antipas. Herodes Antipas era hijo de Herodes el Grande, el hombre que intentó matar al niño Jesús después de hablar con los sabios. Herodes Antipas tuvo un matrimonio que estaba en contra de la ley judía, y Juan les dijo a todos que eso estaba mal.

Herodes Antipas hizo arrestar a Juan y lo encarceló, con la esperanza de silenciarlo. Esto entristeció a muchos de los seguidores de Juan.

La mujer en el pozo (JUAN 4:1-42)

Jesús hizo un viaje por un área que la mayoría de los judíos evitaban: Samaria. Los judíos odiaban a Samaria desde hace novecientos años, cuando comenzó la guerra civil. La gente de Samaria era en parte judía y no estaba completamente comprometida con el templo y sus propósitos. Por esa razón, los judíos del sur de

Jerusalén caminaron alrededor de Samaria para llegar a Galilea en el norte.

Jesús llevó a sus seguidores a un pueblo llamado Sicar, específicamente a un pozo en un área que Jacob le dio a José. Era alrededor del mediodía y Jesús descansaba junto al pozo mientras sus seguidores iban al pueblo a buscar algo de comida.

Una mujer samaritana vino a buscar agua, una tarea que la mayoría de la gente hacía en la mañana fresca, porque llevar el agua desde tan lejos en el calor del día era difícil. Jesús le pidió de beber. Eso era inusual porque los judíos no hablaban con los samaritanos y los hombres no hablaban con las mujeres cuando estaban a solas con ellas.

Cuando ella preguntó por qué, él dijo: "Tengo agua

viva. Cuando bebas esta agua, nunca volverás a tener sed. De hecho, te dará la vida eterna."

"Señor, dame esta agua para que no tenga que volver".

Jesús le dijo que fuera a llamar a su esposo. Ella sacudió su cabeza. Ella no tenía esposo. Entonces Jesús dijo: "Tienes razón, has tenido cinco maridos y el hombre con el que estás ahora no es tu marido".

La mujer samaritana supo de inmediato que él era un profeta. "Sé que el Mesías viene, y cuando lo haga, nos explicará todo lo que necesitamos saber".

Esta agua se llama agua viva porque fluye como un río, no es quieta, como un estanque. Esta agua viva, se ve en el cielo en el libro de Apocalipsis de Juan: "porque el Cordero que está en medio del trono los pastoreará, y los guiará a fuentes de aguas de vida; y Dios enjugará toda lágrima de los ojos de ellos. (Apocalipsis 7:17)

Jesús dijo: "Ese soy yo". La mujer corrió al pueblo y les contó a todos lo sucedido. Muchos samaritanos le creyeron a la mujer y le pidieron a Jesús que se quedara unos días. Muchos más se convirtieron en verdaderos creyentes.

La emoción que rodeaba a Jesús aumentaba y muchos milagros estaban a punto a suceder, especialmente en un área llamada Galilea.

¿CUÁLES SON LAS IDEAS PRINCIPALES EN ESTE CAPÍTULO?

- La gente de la época de Jesús practicaba su religión de acuerdo con las reglas. Seguían las leyes,hagan esto, no hagan aquello, y asistieron a todas las festividades, como la Pascua. Jesús trató de mostrarles que la relación con Dios era por fe, de acuerdo con su amor por Dios, no porque tuvieran que hacerlo. Los creyentes de hoy deben seguir a Jesús y sus enseñanzas en lugar de las leyes.
- Mientras que personas corno los fariseos tuvieron dificultades con Jesús, los samaritanos no. Demuestra que la educación no te hace inteligente, pero la humildad y la fe sí.
- Jesús todavía llama a la gente a seguirlo,aunque no esté físicamente en la tierra. Podemos seguir sus palabras y seguir haciendo lo que nos pide que hagamos hoy.
- Jesús visitó a la gente que a su propia gente no le gustaba. A veces, Dios puede pedirnos que seamos amigos de un grupo de personas quienes no son muy populares.

15

Los Milagros de Jesús

MATEO 4–18; MARCOS 1–9; LUCAS 4–9; JUAN 4–6

¿QUIÉN ES QUIÉN?

» **Jesús**—el hacedor de milagros.

» **Pedro**—el que camina (temporalmente) por el agua.

» **Mateo**—un recaudador de impuestos.

» **Andrés**—el hermano de Pedro.

¿DÓNDE ESTAMOS?

» **Galilea**—una región del norte de Israel donde se reunían muchos pescadores.

» **Capernaúm**—el nuevo pueblo de Jesús.

» **Nazaret**—el antiguo pueblo de Jesús.

» **Caná**—donde Jesús se coló en una boda.

» **Gadarenos o Gerasenos**—donde vivía gente realmente salvaje.

DATOS INTERESANTES DE ESTA SECCIÓN

- Jesús multiplicó los alimentos al igual que Elías y Eliseo lo hicieron en menores cantidades con aceite de oliva y harina. Jesús sanó al pueblo de la lepra al igual que Elías. Asimismo, Elías y Eliseo resucitaron a la gente, pero Jesús lo hizo más seguido, en mayor cantidad y de diversas maneras.
- Jesús caminó sobre el agua mejor que Moisés al dividir el mar.
- Eliseo oró por una sequía, pero Jesús hizo cesar inmediatamente la tormenta. Mostró su poder sobre la naturaleza que el pecado había dañado, anticipándose a cuando toda la creación fuera restaurada.
- Jesús sanó a personas que estaban cerca o lejos.

Pulgares arriba y pulgares abajo (MATEO 4:13-22; MARCOS 1:14-20; LUCAS 4:14-30; JUAN 4:43-54)

Galilea era una región al norte de Jerusalén y Samaria, que rodeaba el Mar de Galilea. La zona era, sobre todo judía. La gente de allí sobrevivía con el ganado y los animales de granja, la agricultura y la pesca en torno a la gran masa de agua conocida como Mar de Galilea.

Cuando Jesús comenzó su ministerio allí, mucha gente escuchó y creyó. Galilea sería el lugar donde Jesús realizó la mayor parte de su trabajo, viajando ocasionalmente al sur, a Jerusalén, para las fiestas judías y en muchas partes de Galilea lo acogieron.

Una vez, estando en Caná, donde convirtió el agua en vino, Jesús se encontró con un funcionario real de Capernaúm cuyo hijo estaba muy cerca de la muerte. El hombre recorrió kilómetros para rogarle a Jesús que sanara a su hijo y Jesús simplemente le dijo: "Tu hijo vivirá". Cuando el hombre regresó a su casa, un sirviente corrió hacia él, diciendo que su hijo estaba vivo y se sentía mejor. Cuando se dieron cuenta de la hora en que el hijo se sanó, fue exactamente cuándo Jesús dijo esas palabras, entonces toda la casa del funcionario real creyó en Él.

Jesús viajó a su tierra de Nazaret, pero no tuvo una cálida acogida. El sábado, entró en la sinagoga local y leyó un pasaje del profeta Isaías:

> "El Espíritu del Señor omnipotente está sobre mí,
> porcuanto me ha ungido
> para anunciar buenas nuevas a los pobres.
> Me ha enviado a sanar los corazones heridos,
> a proclamar liberación a los cautivos
> y libertad a los prisioneros, a pregonar el año
> del favor del Señor" (Isaías 61:1–2).

Se dirigió al pueblo y dijo: "Hoy esto se ha cumplido". La gente sabía que se refería a que había cumplido la profecía como el Mesías prometido, pero sólo lo recordaban como el niño que creció con José y María. Jesús sabía que ningún profeta podía ser aceptado en su tierra. La gente trató de tirarlo por un acantilado por decir que era Dios, pero Jesús se escabulló.

Jesús caminaba por la orilla del Mar de Galilea y vio a dos hermanos pescando, Simón (también conocido como Pedro) y Andrés. No estaban teniendo un buen día de pesca, sus redes estaban vacías. Se dieron por vencidos, pero Jesús se acercó y les dijo que echaran sus redes en las aguas profundas. Pedro y Andrés lo hicieron, y sus redes se llenaron de tantos peces que estas se desbordaron; entonces, otros dos pescadores hermanos vinieron a ayudarlos, Jacobo y Juan, hijos de Zebedeo.

Ser pescador de peces como de personas requiere paciencia, saber cuál es el cebo y momento adecuado para pescarlos.

Jesús les pidió a los cuatro que lo siguieran, y les dijo que ahora serían pescadores de hombres. Pedro, Andrés, Jacobo y Juan dejaron su trabajo de pesca para seguirlo.

Muchos milagros (MATEO 4:13-25; 8:2-4; 9:2-17; MARCOS 1:14-2:22; LUCAS 4:31-5:39)

Capernaúm era una ciudad de Galilea, junto al mar, donde vivían muchos pescadores. Era una ciudad judía y tenía una sinagoga, donde Jesús enseñaba en el día de reposo. La gente lo quería, excepto un hombre poseído por un demonio, que le dijo a Jesús que se fuera. “Sé quién eres”, le dijo el demonio, “El santo de Dios”. Jesús le ordenó al demonio que saliera del hombre y así lo hizo. La gente no podía creer lo que acababa de ver.

En casa de Simón Pedro, Jesús descubrió que la suegra de Pedro tenía fiebre. Él le dijo que la fiebre desapareciera y así fue, luego ella se levantó y empezó a atender a los demás. Al atardecer, muchas más personas le trajeron enfermos y endemoniados, y Jesús los sanó a todos.

Se empezó a correr la voz por todas partes sobre el poder y la capacidad de Jesús; entonces, a medida que las multitudes crecían y crecían, Él necesitaba estar solo a veces y orar.

Un hombre con lepra se postró en el suelo ante Jesús y le preguntó si estaba dispuesto a limpiarlo de esa enfermedad, a lo cual Él respondió que estaba dispuesto, y la lepra desapareció.

Cuando alguien tenía lepra, había que ponerlo en cuarentena y aislarlo de los demás para que no transmitiera la enfermedad, altamente contagiosa y mortal, a través del aire.

Mientras Jesús se relajaba en una casa de Capernaúm, una multitud rodeaba la casa, lo que hacía difícil que alguien se acercara. Cuatro hombres llevaron a su amigo paralítico en una camilla para que Jesús pudiera sanarlo, pero al no poder acercarse, se subieron a la azotea, la atravesaron y bajaron a su amigo hasta Jesús, a quien le encantó su fe.

Jesús vio que algunos fariseos y maestros de la ley estaban mirando; entonces, Jesús le dijo al hombre: "Tus pecados quedan perdonados". Ellos se preguntaron cómo alguien podía perdonar todos los pecados de una persona. Por lo tanto, Jesús se dirigió a los líderes religiosos y les preguntó: "¿Qué es más fácil, perdonar los pecados de este hombre o decirle que se levante y camine?". Era una pregunta capciosa, dado que ambas eran cosas que sólo Dios podía hacer.

Entonces, Jesús le dijo al hombre que recogiera su camilla y se marchara y el hombre lo hizo. Todo el mundo alabó a Dios, excepto aquellos fariseos y maestros.

Los romanos contrataban a hombres judíos locales para recaudar los impuestos. No era un trabajo popular, pero se pagaba bien porque el hombre podía cobrar de más y quedarse con la diferencia. Un recaudador de impuestos podía ganar mucho dinero, pero perder a todos sus amigos.

Jesús pasó por delante de la caseta de un recaudador de impuestos donde se sentaba un hombre llamado Leví, también conocido como Mateo. Jesús le pidió a Mateo que lo siguiera y se uniera a los otros apóstoles. Mateo dejó su trabajo y se unió a Jesús, esto tuvo que ser incómodo para los demás.

Mateo estaba tan entusiasmado con esta nueva aventura, que hizo una gran fiesta e invitó a sus amigos a conocer a Jesús. Lo hicieron, mientras los fariseos miraban, sin poder creer que un buen maestro como Jesús comiera con todos estos recaudadores de impuestos y pecadores; entonces, Jesús les dijo: "Son los enfermos los que necesitan un médico, no los que creen estar bien".

¿Parálisis, demonios y muerte? ¡no hay problema! (MATEO 12; MARCOS 2:23-3:19; LUCAS 6:1-19; JUAN 5)

Los judíos iban a Jerusalén de forma habitual para celebrar una serie de fiestas que comenzó con Moisés. Esos días sagrados incluían la Fiesta de los Tabernáculos (o Tiendas), el Día de la Expiación, Pentecostés y la Pascua. El templo de Jerusalén era el único lugar donde un sacerdote podía realizar un sacrificio.

Un día, cuando Jesús estaba en Jerusalén, vio a un paralítico junto a un estanque de agua en Betzatá. Muchos creían que cuando el agua se agitaba era porque un ángel estaba cerca, por eso todos se lanzaban ahí, pero el paralítico nunca pudo llegar a tiempo.

Jesús le preguntó: "¿Quieres quedar sano?" El hombre asintió. Jesús le dijo que se levantara y camine, y el hombre lo hizo.

Cuando los líderes judíos se enteraron de esto, le preguntaron al hombre cómo alguien podía sanar el sábado y violar la ley, pero al hombre no le importó porque ¡ya podía caminar!

Posteriormente, Jesús sanó a otro hombre el sábado, en la sinagoga de Capernaúm.

Los líderes judíos le preguntaron si sanar el sábado iba en contra de la ley y Él les dijo que si pueden ayudar a una oveja que se cae en un hoyo el sábado, ¿por qué no hacerlo con alguien que también necesita ayuda?

Para demostrar esto, al ver a un hombre que tenía una mano paralizada (semiparalizada), Jesús le dijo que la extendiera y quedó sana. La gente se asustó, especialmente los fariseos que querían matar a Jesús porque ahora a todos les agradaba.

El cuarto mandamiento: "Acuérdate del sábado, para consagrarlo. Trabaja seis días, y haz en ellos todo lo que tengas que hacer, pero el día séptimo es un día de reposo para honrar al Señor tu Dios. No hagas en ese día ningún trabajo, ni tampoco tu hijo, ni tu hija, ni tu esclavo, ni tus animales ni tampoco los extranjeros que vivan en tus ciudades". Para los fariseos "trabajar" significaba sanar a alguien de una enfermedad paralizante.

Un gran sermón (MATEO 5-8; LUCAS 6:20-49)

Para este momento, Jesús ya tenía a sus doce apóstoles. Ellos eran Simón (Pedro), Andrés (hermano de Pedro), Jacobo y Juan (también hermanos), Felipe, Natanael (también conocido como Bartolomé), Mateo (ex recaudador de impuestos), Tomás (al que apodaban el Gemelo), Jacobo (conocido como el menor, que significaba el más joven o pequeño), otro Simón el zelote, Judas el hijo de Jacobo, y Judas Iscariote, que traicionará a Jesús más adelante.

> Moisés dio la ley desde el monte Sinaí. Jesús dio una nueva ley desde una colina de Betsaida. El propósito de Jesús era mostrar una nueva forma de ley.

Una gran multitud seguía a Jesús cerca a la orilla de Betsaida. Por ahí, encontró un lugar para sentarse, como haría un rabí cuando va a hablar, y la gente se detuvo a escucharlo. Allí, en una pendiente, o monte, Jesús comenzó a dar un largo sermón que abarcaba diversos temas, dando nueva luz a las antiguas formas de pensar.

Enseñó lo que realmente agrada a Dios y mencionó cosas como los pobres en espíritu, los que lloran, los perseguidos o débiles. Además, dijo que los cristianos son como la sal, quienes perseveran la verdad en esta tierra y añaden sabor a un mundo aburrido; también, son la luz que brilla en un mundo oscuro. Jesús les mos-

tró que no solo se peca físicamente (como el asesinato o el sexo fuera del matrimonio), sino también mentalmente. Incluso dijo que la gente debe cumplir con sus promesas. Él habló sobre juzgar de manera igual y justa los crímenes.

Luego, les dijo que amen a sus enemigos y hagan un esfuerzo extra por ellos. Jesús les enseñó cómo dar y orar correctamente, de modo que les proveyó un buen modelo de oración. Asimismo, les habló de los que intentan hacerse ricos en este mundo y que es imposible que sirvan a dos señores: Dios y la riqueza. Es imposible. Una persona debe elegir uno o el otro.

Jesús consoló a la gente, diciéndoles que no se preocuparan porque Dios conoce sus necesidades y las provee. Por último, les dijo a sus seguidores que no juzguen a nadie, y los animó a que pidan a Dios, busquen su voluntad y encuentren la plenitud a través de Él.

Dudas y fe (MATEO 8:5-13:13; MARCOS 3:20-22; 4:1-34; LUCAS 7:1-8:18)

Luego, cuando Jesús regresó a Capernaúm, los mensajeros de un centurión romano fueron a su encuentro. Un centurión era un oficial del ejército romano, que, por lo general, no se llevaban bien con los israelitas. Sin embargo, este era querido por muchos porque amaba a Israel y daba dinero a la sinagoga local. El centurión tenía un siervo que estaba muy enfermo y quería la ayuda de Jesús porque tenía autoridad, así como él la tenía para ordenar a la gente que vaya aquí y haga esto o aquello. El centurión pensó que no era necesario que Él fuera a la casa; bastaría con decir solo una palabra para que el siervo sea sanado. Jesús admiró su fe, que confiaba en la autoridad de Dios. El siervo fue sanado mientras los mensajeros regresaron a su casa.

Posteriormente, todos viajaron a un pequeño pueblo llamado Naín, donde vieron un cortejo fúnebre que llevaba el cuerpo del único hijo de una viuda pobre. Cuando Jesús tocó la camilla donde estaba el cuerpo, el hijo se incorporó y comenzó a hablar; por lo que todos alabaron a Dios.

Mientras tanto, estando Juan el Bautista en la cárcel, empezó a tener sus dudas si realmente Jesús era el prometido que Juan decía a todos que era; por ello, envió mensajeros para preguntarle. Jesús reafirmó que muchas enfermedades y dolencias fueron sanadas, la vista le fue devuelta a muchos ciegos, y los demonios fueron expulsados de la gente. Así que sí, definitivamente era Jesús quien cumplía con las profecías sobre el Mesías.

En otra ocasión, un fariseo le invitó a comer a Jesús. Mientras Él estaba sentado a la mesa, una mujer pecadora se le acercó y ungió con perfume sus pies, llorando y limpiando los pies de Jesús con sus cabellos. El fariseo no podía creer que Él permitiera que una mujer con tan mala reputación lo tocara. Jesús dijo que a quienes se les ha perdonado más, son aquellos que son más amados, y pues, Él le perdonó todos sus pecados. Mientrastanto, los otros en la mesa se preguntaban: ¿Quién es este, que hasta perdona pecados?

Un día, le llevaron un poseído, cuyo demonio le causaba ceguera y sordera. Y ya que Jesús podía expulsar a los demonios de las personas, los fariseos le acusaron de ser el príncipe de los demonios ya que podía sacar a los demonios de las personas. Sin embargo, Jesús dijo que era algo ridículo: "Ningún reino ataca a su propio reino, así que ¿cómo puede un demonio echar fuera a otro demonio?".

Promesa cumplida:

"Abriré mi boca en proverbios; Hablaré cosas escondidas desde tiempos antiguos,". (Salmos 78:2)

"Hijo de hombre, propón una figura, y compón una parábola a la casa de Israel". (Ezequiel 17:2)

Con el fin de ayudar a la gente a entender sus enseñanzas generalmente Jesús hablaba por medio de parábolas, historias que tienen un significado espiritual. Por ejemplo, en la parábola de las semillas que cayeron en diferentes tipos de terreno, estas representaban la fe y el terreno, el corazón de las personas. Depende del terreno, una fe no podrá crecer a menos que el corazón sea bueno y acepte a Dios.

La principal enseñanza de Jesús fue sobre el reino de los cielos, a través de parábolas como de la mala hierba, el grano de mostaza, la levadura que se usó para hacer crecer el pan, el tesoro escondido en un campo, la red echada para recoger muchos peces. Él quería que sus seguidores entendieran que el reino de Dios debía crecer en la tierra. Aunque algunos aceptaban esta verdad, muchos la rechazaban.

¡Cálmense, tormentas y demonios!

(MATEO 8-9; MARCOS 4-5; LUCAS 8)

Jesús subió a una barca con sus discípulos y atravesaron el Mar de Galilea. De repente, una terrible tormenta sacudió la barca mientras Jesús dormía sobre un cojín. ¡Los discípulos gritaron pidiendo ayuda!

Jesús se levantó calmadamente y les preguntó por qué tenían tan poca fe. Entonces, le ordenó a la tormenta que se calmara y así fue.

Al llegar al otro lado del mar, se encontraron con un loco salvaje que estaba endemoniado y vivía en el cementerio. Todas las cadenas que utilizaban para sujetarlo, él las destrozaba. Cuando el hombre vio a Jesús, corrió hacia Él, gritando: "¿Por qué te entrometes? ¿Has venido aquí a atormentarnos?" Entonces, Jesús preguntó su nombre al demonio y este le dijo: "Somos una Legión, porque somos muchos aquí dentro".

Los demonios sabían que les quedaba poco tiempo, así que le rogaron a Jesús que los enviaran a una manada de cerdos.

Según las normas del ejército romano, una legión equivalía entre tres mil y seis mil. Es difícil imaginar que en un solo hombre podía haber muchos demonios.

Jesús lo hizo y los cerdos corrieron al mar para ahogarse.

Aquel hombre sanado se sentó aturdido en el suelo. Luego, le preguntó a Jesús si podía unirse a los discípulos, pero Él le dijo que volviera a su tierra y les mostrara a todos lo que Dios podía hacer.

Al viajar a Nazaret, Jesús enfrentó más rechazo de su propia gente. "¿No es ese el hijo de José el carpintero? ¿No se llama su madre María, y no son sus hermanos Jacobo, José, Simón y Judas? También conocemos a sus hermanas, ¿quién se cree que es?" Jesús negó con la cabeza: "No se honra a un profeta en tierra". No hizo muchos milagros allí porque no creyeron.

Por otro lado, Jesús y sus seguidores entraron a Capernaúm para recibir una gran bienvenida. La gente llenó las calles animándolo y apretujándolo cada vez más. Entonces, uno de los jefes de la sinagoga, llamado Jairo, se abrió paso y cayó a los pies de Jesús, rogándole que sanara a su única hija de doce años que estaba muriendo.

Mientras Jesús caminaba entre la multitud para llegar a la casa de Jairo, una mujer que padecía de hemorragias internas desde hace doce años trató de acercarse a Jesús. Muchos médicos habían intentado ayudarla, pero nada funcionó. Ella extendió la mano y al tocar su manto, su hemorragia se detuvo inmediatamente. Jesús sintió que su poder abandonaba su cuerpo y preguntó quién lo había tocado. La mujer, temblando de miedo, confesó. Jesús, impresionado por su fe, le dijo que eso la sanó. En ese momento, alguien corrió hacia Jairo y le dijo: "Tu hija ha muerto". Jesús lo consoló diciéndole que no tuviera miedo, que solo creyera.

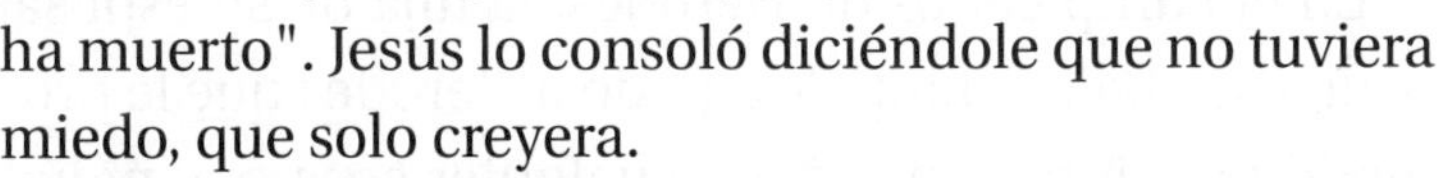

Cuando Jesús llegó a la casa, la gente se lamentaba y tocaba música triste. Jesús les dijo que dejaran de llorar: “La niña no está muerta, sino dormida". La triste multitud se empezó a burlar de Él porque encontraron tonta la respuesta de Jesús. En eso, Jesús tocó la mano de la niña yle dijo que se levantara; ella lo hizo y dejaron de reírse.

Profecía cumplida: "En aquel tiempo los sordos oirán las palabras del libro, y los ojos de los ciegos verán en medio de la oscuridad y de las tinieblas. (Isaías 29:18)

Después, Jesús vio a dos ciegos que clamaban por misericordia. Así que, tocó sus ojos y su vista volvió. Luego, le llevaron a un poseído que no podía hablar, Jesús expulsó al demonio y el hombre por fin pudo hablar.

Milagros de multiplicación (MATEO 13:54-14:36; MARCOS 6; LUCAS 9:1-17; JUAN 6)

Sabiendo que había enseñado bien a sus apóstoles, Jesús los envió en parejas con el poder y autoridad de expulsar a todos los demonios y sanar enfermedades. Les dijo que llevaran poco y confiaran en Dios proveyera predicar las buenas nuevas dondequiera que fueran. Así lo hicieron y regresaron con historias increíbles sobre lo que vieron e hicieron.

En el cumpleaños de Herodes, la hija de su esposa, realizó un baile y tanto le agradó a Herodes que le prometió bajo juramento darle cualquier cosa que pidiera. La muchacha fue con su madre, Herodías, quien le pidió que pidiera la cabeza de Juan el Bautista en una bandeja. Dado que el rey dijo que le daría todo lo que quisiera, tenía que hacerlo. Juan fue decapitado y su cabeza fue llevada a Herodes en una bandeja. Los discípulos de Juan le dieron sepultura a su cuerpo y luego le contaron a Jesús lo que había sucedido.

En un lugar lejano cerca de Betsaida, una gran multitud de cinco mil hombres, además de miles de mujeres y niños, siguieron a Jesús y lo escucharon hablar de reino de Dios. Al atardecer, Jesús sabía que ninguno de ellos había comido, así que se dirigió a sus apóstoles y les preguntó cómo alimentarían a todas esas personas.

Calculando los costos de los alimentos, sabían que les costaría la mitad del salario de un año para alimentar a toda esa multitud. Por ello, decidieron que la me-

jor solución era enviar a la gente al pueblo a comprar comida, pero a Jesús no le gustó esa respuesta, así que les dijo que les dieran de comer.

Felipe encontró a un niño con cinco panes y dos peces. Eso fue lo mejor que pudieron hacer. Jesús les dijo a todos que se sentaran en grupos de cincuenta a cien. Luego, tomó los cinco panes, miró al cielo y los bendijo. Al partir el pan, aparecieron más y más panes. Canastas tras canastas llenas se distribuyeron a la gente. La misma multiplicación asombrosa ocurrió con los peces, miles y miles salieron de la nada.

Todos comieron hasta quedar satisfechos e incluso quedaron sobras como para repartir una canasta para cada apóstol. Podrían haber iniciado un negocio de frituras.

Después del milagro, Jesús les dijo a los discípulos que subieran a la barca mientras Él despedía a la multitud. Mientras zarpaban al mar, Jesús se fue a orar a una montaña. Al anochecer, la barca estaba lejos de la orilla, pero las olas y el viento impidieron que avanzara, estaban atascados. Mientras los discípulos remaban, alzaron la vista y vieron a Jesús caminando sobre el agua. Estaban aterrados porque pensaron que era un fantasma, pero Jesús les dijo que no tuvieran miedo.

Pedro dijo: "Señor, si eres tú, ordéname que vaya contigo sobre el agua".

Jesús estuvo de acuerdo. Pedro bajó de la barca y también caminó sobre el agua. Luego, apartó sus ojos de Jesús y vio al viento y las olas. Pedro entró en pánico y se hundió, pidió ayuda y Jesús lo atrapó: "¡Hombre de poca fe! ¿Por qué dudaste?" Llegaron al otro lado, a Capernaúm, y Jesús sanó a muchas personas ahí.

En la sinagoga de Capernaúm, varios líderes religiosos abrumaron a Jesús con preguntas. Habían visto la alimentación de las más de cinco mil personas, incluso habían comido el pan que multiplicó; pero, aun así, querían atraparlo con preguntas. Jesús habló sobre el

pan y dijo que Dios trajo el pan del cielo a la tierra para que Moisés y los israelitas pudieran comer.

"Y te afligió, y te hizo tener hambre, y te sustentó con maná, comida que no conocías tú, ni tus padres la habían conocido, para hacerte saber que no solo de pan vivirá el hombre, mas de todo lo que sale de la boca de Jehová vivirá el hombre.". (Deuteronomio 8:3)

Ese tipo de pan de Dios es el que le da vida al mundo.

Los acusadores pidieron ese pan. Jesús respondió: "Yo soy el pan de vida que ha bajado del cielo, el que cree en mí nunca pasará hambre". Los líderes religiosos judíos murmuraron: "¿Cómo pudo Jesús venir del cielo?"

Conocían a José, su padre. Jesús los corrigió, diciendo que su Padre estaba en el cielo y lo envió para acercar a la gente a Dios.

Esto no les agradó a sus acusadores, ni tampoco a muchos de sus discípulos, quienes le dieron la espalda. Jesús les preguntó a los doce si querían irse.

Pedro dijo: "¿A dónde iremos? Tú tienes palabras de vida eterna. Sabemos que tú eres el Santo de Dios".

Viaje por carretera (MATEO 15-16; MARCOS 7-8; LUCAS 9:18-27)

Los líderes judíos llegaron a Galilea desde Jerusalén para destruir la credibilidad de Jesús. Les encantaba criticar cómo Jesús y sus discípulos nunca cumplían las tradiciones judías, como lavarse las manos antes de comer. Jesús les dijo que no es lo que entra en la boca de una persona lo que contamina su alma, es lo que sale de su corazón (mentira, odio, maldad) eso los hace pecadores. Él llamó a los fariseos y a otros guías ciegos, que guiaban a otro ciego, y ambos caerían en un hoyo.

Jesús llevó a sus seguidores al norte de Galilea, en un viaje por carretera, a la región de Tiro y Sidón. Allí atendió a varias personas que no eran seguidores de las tradiciones judías, pero que tenían parte de sangre judía. Recuerda, los judíos no se relacionaron con esta gente y los llamaron gentiles.

En esta región, conoció a una mujer cananea que gritó por ayuda porque su hija estaba poseída por un demonio. Jesús le dijo que había venido solo por las ovejas perdidas de Israel. Ella respondió: "Pero incluso aquellos de nosotros que no somos judíos aceptaremos las migajas de esperanza que caigan de tu mesa". A Jesús le encantó esa respuesta e inmediatamente su hija fue sanada.

Jesús caminó un poco más hacia la región conocida como Decápolis. La gente le llevó un sordo que casi no podía hablar. Jesús lo llevó a un lado, le puso los dedos en los oídos del hombre, y luego escupió y tocó su lengua. Él aclamó: "¡Ábrete!" y los oídos del hombre se abrieron. ¡La gente se quedó muy asombrada!

Grandes multitudes comenzaron a seguir a Jesús, llevando ciegos, lisiados, mudos y muchos enfermos más. Jesús sanó a todos los que pudo. Se le rompía el corazón por ellos, ya que muchos llevaban tres días siguiéndolo. Jesús quería darles de comer, así que le preguntó a sus discípulos cómo podrían alimentar a aquellos cuatro mil hombres.

Su respuesta fue la misma que aquella antes de alimentar a los cinco mil: "No tenemos suficiente dinero ni pan". Jesús les preguntó cuántos panes tenían. Ellos solo encontraron siete panes, y unos pocos pescaditos.

¿Por qué los apóstoles no recordaron cuando Jesús alimentó a los cinco mil? Tal vez porque no eran judíos, y Él de ningún modo iba a darles de comer a ellos también. Pero lo hizo, mostrando que amaba a todos por igual.

Al igual que antes, la gente se sentó en grupos y Jesús dio gracias por el pan y el pescado en sus manos. Luego, multiplicó la comida una y otra vez, llenando cesta tras cesta y alimentó a los cuatro mil hombres además de mujeres y niños, quienes quedaron comieron y quedaron satisfechos. Incluso sobraron siete cestas llenas.

Jesús y sus discípulos se fueron navegando en una barca.

Los fariseos le pidieron a Jesús una señal que muestre que él era de quien hablaban las profecías del Antiguo Testamento. Jesúsles dijo que buscaran la señal de Jonás, el profeta tragado por un pez que vivió tres días en su estómago del pez antes de que lo escupiera vivo en tierra firme. Esa sería la misma señal que pronto verían todos. Desde luego, Jesús hablaba de su muerte y de los tres días que pasaría en la tumba, de donde saldría vivo y resucitado.

Jesús llevó de viaje a sus discípulos, esta vez a Cesárea de Filipo. Esta región era conocida por su adoración a ídolos como Zeus, Pan y otros dioses romanos. Él los sentó y les preguntó: "¿Quién dice la gente que soy?"

Ellos dijeron una serie de cosas: "Unos dicen que eres Juan el Bautista que ha resucitado de entre los muertos o Elías el antiguo profeta, e incluso Jeremías".

Jesús los escuchó y después preguntó: "Y ustedes, ¿quién dicen que soy yo?"

Pedro respondió: "Tú eres el Mesías, el Hijo del Dios viviente".

Esta es la primera vez que la palabra *iglesia* se usa en la Biblia.

Jesús se alegró: "Así es, Pedro, y sobre esta piedra edificaré mi iglesia, y ¡las puertas del infierno y la muerte no podrán detenerla!" Jesús continuó explicando que sería puesto a manos de los jefes de sacerdotes; luego, lo matarían y al tercer día resucitaría. Pedro trató de evitar que siguiera diciendo tales tonterías, pero Jesús le dijo que solo Satanás pudo hacer que Pedro dijera eso.

Después, Jesús habló fuerte y claro: "Miren, si alguien quiere seguirme, tendrá que negarse a sí mismo, tomar su cruz e ir conmigo hasta la muerte. Si quieren salvar su vida, la perderán. Pero si están dispuestos a perder su vida por mi causa, se la ganarán. Pueden ganar este mundo entero, pero perderán su alma. No lo hagan".

Jesús es el más importante (MATEO 17–18; MARCOS 9; LUCAS 9:18-62)

En la zona norte de Israel, Jesús llevó a Pedro, Jacobo y Juan a lo alto de una montaña. Ahí se paró delante de ellos y se transfiguró o transformó, mostrando su divino ser escondido en un cuerpo humano. Su rostro resplandeció como el sol, y su ropa se volvió blanca como la luz. A cada lado suyo, se encontraban Moisés y Elías.

Mientras Pedro, Jacobo y Juan miraban sorprendidos, una voz del cielo dijo: "Este es mi Hijo amado; estoy muy complacido con Él, así que escuchen lo que dice". Los tres cayeron sobre sus rostros, pero cuando alzaron la vista, solo Jesús se encontraba ante ellos.

> Esta es la segunda vez que Dios habló desde el cielo para confirmar que Jesús era su hijo. Incluso dijo dos veces que estaba complacido con Él.

Más tarde, cuando se fueron de la montaña y una multitud se juntó a su alrededor, un hombre se arrodilló delante de Jesús para pedirle compasión por su hijo, quien tenía un demonio que le causaba ataques, lanzándolo en un momento al fuego y después, al agua. Los discípulos no pudieron sanarlo, pero Jesús le gritó al demonio y este salió del muchacho.

Los discípulos se preguntaron por qué no pudieron sanar al muchacho. Jesús les dijo: "Por la poca fe que tienen.

Solo necesitan tener la fe del tamaño de un grano de mostaza para decirle a una montaña que se mueva de aquí para allá. Si tienen fe, nada sería imposible para ustedes".

Jesús y sus discípulos llegaron a Capernaúm, y los recaudadores de impuestos del templo lo encontraron. El impuesto del templo pagaba el mantenimiento del templo en Jerusalén y los sueldos de los sacerdotes. Trataron de probar la lealtad de Jesús; entonces, Él mandó a Pedro a pescar y echar el anzuelo. Jesús predijo que dentro del pez encontraría una moneda para pagar el impuesto. Pedro así lo hizo y, efectivamente, el pez que atrapó tenía una moneda dentro.

A veces, los discípulos eran arrogantes y se creían mejores que los demás porque andaban con Jesús. Este les dijo que los más grandes en el reino de Dios venían a Él como niños humildes con fe genuina.

Las mejores personas en el reino de Dios sirven a los demás porque Jesús, aún siendo el más importante, también sirvió a los demás.

Él les advirtió que no hagan pecar a otras personas, en especial a los niños porque, de hacerlo, recibirían un castigo muy severo.

Jesús les dijo que oren según la voluntad de Dios. Este es el tipo de oración que siempre recibe una respuesta.

Él dijo que sus seguidores deben perdonar a los que pecan contra ellos. Preguntaron: "¿Cuántas veces? ¿Hasta siete?" Jesús les respondió: "No siete, sino setenta y siete veces"; es decir, siempre. Los que saben que han sido perdonados de una gran deuda, deberían perdonar fácilmente a aquellos que los han dañado. Jesús señaló que no era fácil seguirlo porque se presentan dificultades y persecuciones. Uno tiene que dejar atrás este mundo y enfocarse en el cielo.

Pero vale la pena hacerlo.

¿CUÁLES SON LAS IDEAS PRINCIPALES EN ESTE CAPÍTULO?

- Jesús tuvo que hacer milagros para mostrar a las personas que Él era Dios. Solo Dios podía hacer milagro de esta magnitud. Jesús no quiso hacer milagros para los fariseos, quienes querían ordenarle a Jesús (como Satanás con las tentaciones).
- Jesús sanó de diferentes maneras, quiso mostrarnos que Él podía sanar de la manera que él quisiera. No hay un patrón.
- Jesús fue el único creador de la tierra. Solo Él creador podría caminar sobre el agua, calmar tormentas y sanar cuerpos.
- Jesús espera el momento en el que sus milagros puedan arreglarlo todo: las personas y la naturaleza.

16

Jerusalén, Jericó y Judea

LUCAS 10, 17–19; JUAN 7–11

¿QUIÉN ES QUIÉN?

» **Jesús**—haciéndose amigo de los bajitos y de los muertos.

» **Zaqueo**—un tipo pequeño que odia las grandes multitudes.

» **María y Marta**—las hermanas de Lázaro, que nunca más dudarán de Jesús.

» **Lázaro**—una de las dos personas que salieron de la tumba.

¿DÓNDE ESTAMOS?

» **Jericó**—famosa por sus muros caídos.

» **Jerusalén**—la gran ciudad con un gran problema.

» **Betania**—Lázaro se convirtió en su atracción turística número uno.

DATOS INTERESANTES DE ESTA SECCIÓN

- » Lázaro superó el tiempo de muerte de Jesús por un día. Pero Lázaro no se levantó de entre los muertos; Jesús lo superó en eso.
- » Mientras Jesús estuvo en el sur de Israel, nunca visitó Belén, donde nació.
- » El pasaje de Juan 8 en el que aparece la mujer sorprendida en adulterio no aparece en todas las copias de Juan que se han descubierto. Parece que alguien lo añadió posteriormente. Sin embargo, la historia coincide tan bien de lo que amamos de Jesús.

La gran ciudad de Jerusalén (JUAN 7-8)

Los judíos de Galilea iban regularmente a Jerusalén para asistir a determinadas fiestas para celebrar a Dios. Esas conmemoraciones incluían la Fiesta de los Tabernáculos, el Día de la Expiación, Pentecostés y especialmente la Pascua. Las sinagogas locales eran buenas para la enseñanza y el culto diario y semanal, pero los sacrificios solo podían ocurrir en el templo, donde Dios habitaba, y los sacerdotes realizaban los sacrificios.

Como Jesús había nacido en una familia judía, él practicaba las leyes judías y participaba en las fiestas. Durante tres años, Jesús enseñó a sus discípulos y caminó con ellos por todo Israel. Galilea, la región al norte de Jerusalén, era donde Jesús y los apóstoles tenían su hogar. Muchas veces, viajaban a la región sur de Israel, llamada Judea, para visitar Jerusalén y otras ciudades como Betania, Jericó, y una zona llamada Perea, al otro lado del río Jordán.

En Jerusalén, especialmente durante las fiestas de la Pascua, se reunían muchas multitudes y los líderes religiosos estaban en plena actividad. Cuando Jesús enseñaba, la gente común estaba muy interesada y se sentía acogida por Jesús. Esta misma enseñanza, en cambio, enfurecía a los líderes religiosos. Jesús hablaba de la relación entre Dios y las personas. Los líderes religiosos siempre se ponían entre Dios y la gente y no les gustaba que nadie dijera lo contrario.

Por eso llamaban a Jesús "endemoniado" y decían que estaba loco. Cuando Jesús sanaba a la gente los sábados, un día sin trabajo, decían que rompía la ley de Moisés. Jesús les dijo que el problema era que no conocían la ley. Cuando Jesús habló de lo estrecha que era su relación con Dios Padre, le llamaron blasfemo, es decir, alguien que decía cosas malas contra Dios.

Los jefes de los sacerdotes trataron de hacer que lo arrestaran muchas veces, pero él seguía escapando. De hecho, una vez, cuando Jesús habló de ser "agua viva", los guardias que fueron enviados a arrestarlo volvieron a los jefes de los sacerdotes y a los fariseos diciendo lo sorprendente de su enseñanza. Personas como Nicodemo hablaron en defensa de Jesús, pero hablar así podía hacer que te echaran del templo, algo malo para un judío.

Estos mismos líderes religiosos le llevaron a una mujer que fue acusada de acostarse con alguien fuera del matrimonio. La ley de Moisés decía que el pecado se castigaba con la muerte y podían apedrearla.

Jesús, en cambio, escribió en la área y dijo:

"Bien, si estás libre de pecado, entonces lanza la primera piedra". Nadie podía decir que estaba libre de pecado, así que dejaron las piedras y se fueron. Jesús le dijo a la mujer que se fuera y dejara de pecar.

Jesús también dijo cosas como: "Yo soy la luz del mundo", lo que no le gustó a los fariseos, que se preguntaban quién podría probar tal afirmación. Jesús dijo que tenía dos testigos: él mismo, ya que era el Hijode Dios, y Dios, su Padre.

De hecho, Jesús añadió que Abraham esperaba ese día en que Jesús caminara por la tierra. Se rieron porque Jesús apenas tenía treinta años, y Abraham había vivido casi dos mil años antes que ellos. Jesús respondió: "Antes de que Abraham viviera, yo ya existía".

Los fariseos estallaron de ira porque Jesús se estaba considerando igual a Dios. Jesús los llamó farisaicos, pensando que tenían razón según sus propias leyes. Esto hizo que los líderes religiosos estuvieran cada vez más convencidos de que Jesús debía morir. Querían apedrearlo, pero de nuevo, Jesús escapó. No era su hora de morir. Todavía no.

Los ciegos ven (LUCAS 10; JUAN 9-10)

Al igual que Jesús hizo con el envío de los doce discípulos para sanar y expulsar demonios, Jesús lo hizo de nuevo en la región de Judea, esta vez con setenta y dos de sus seguidores.

> Los dos mandamientos más importantes de Jesús se encuentran en en el libro de deuteronomio.

Volvieron con historias maravillosas de haber salvado a personas de enfermedades y demonios.

Más tarde, Jesús se encontró con un experto en leyes religiosas. Estas personas conocían las Escrituras al detalle, pero Jesús las conocía mejor. Preguntó:"¿Cuáles son los mandamientos más importantes?" Cuando el experto no supo responder, Jesús enumeró dos:

1. Ama a Dios con todo tu corazón, alma, fuerza y mente.
2. Ama a tu prójimo tanto como a ti mismo.

El experto pidió a Jesús que definiera claramente quién era su prójimo. Jesús le contó una gran historia de un hombre que fue robado, golpeado y abandonado a un lado del camino. Dos judíos pasaron frente a él, pero un samaritano (quienes no eran del agrado de los judíos) ayudó al hombre a volver a la vida. Jesús dijo que el samaritano trató a un extraño como a un prójimo.

Jesús y sus seguidores se cruzaron con un ciego al lado del camino. Uno de ellos pregunto: “¿Quién pecó que causó la ceguera de ese hombre?” Jesús dijo que este ciego lo era para que la gente pudiera ver las obras de Dios a través del poder sanador de Jesús.

Jesús escupió en el barro y lo puso en los ojos del ciego. Le dijo al hombre que se lavara los ojos en el estanque de Siloé. Cuando el hombre lo hizo, pudo ver.

Los fariseos investigaron este incidente porque la sanidad ocurrió el sábado. Les molestaba que Jesús hiciera barro, porque eso era trabajo, según sus leyes. Los fariseos hablaron con los padres del ciego y el ciego. Todo lo que el ciego pudo decir es esto: "No sé si este hombre era pecador o no, pero sé esto: era ciego, pero ahora veo".

Jesús encontró al hombre y se presentó. El hombre

ahora sabía que era Jesús quien lo había sanado. Jesús confrontó a los fariseos, diciendo que ellos eran los verdaderos ciegos porque no podían ver su pecado ni a Dios poniéndose delante de ellos. Esto los enfureció aún más.

> **Se creía comúnmente, pero de forma incorrecta que los enfermos, ciego, sordos o paralíticos eran castigados por sus pecados o el de sus padres.**

Jesús utilizo muchas descripciones de sí mismo para que pudiéramos entenderlo mejor. En el Antiguo Testamento, los profetas eran llamados "pastores", no a las personas que guiaban a las ovejas, sino a los líderes religiosos que guiaban a la gente. Jesús se llamaba a sí mismo "el buen pastor" lo que significaba que era un excelente líder spiritual para la gente.

Llamó a los líderes religiosos una amenaza, comparándolos con lobos y ladrones.

> **Los fariseos añadieron 613 leyes más a la reglas que ya estaban en la Biblia.**

Como buen pastor, Jesús prometió llevar a sus ovejas a la vida eterna. Estaría dispuesto a sacrificar su vida para que las ovejas pudieran vivir. Jesús dijo que sus ovejas conocían su voz y que nadie podía arrebatárselas porque se las había dado Dios, su Padre. Entonces Jesús dijo "Yo y el Padre somos uno". Esa fue una declaración de que él era Dios y era igual a Dios.

Una vez más, los líderes religiosos tomaron piedras

para matarlo. Pero de nuevo, Jesús se escabulló.

Los muertos caminan (LUCAS 14; JUAN 11)

Jesús y sus seguidores fueron a Perea, al lado oriental del río Jordán. Es donde Juan el Bautista empezó a bautizar a la gente. Estaba comiendo en casa de un fariseo cuando le trajeron a un enfermo, hinchado de líquido. Era sábado, así que Jesús sabía lo que estaban pensando. Pero sanó al hombre, y luego dijo que, si la ley dice que está bien sacar un buey de un pozo en sábado, ¿Por qué no puede sanar a este pobre hombre?

Las multitudes lo siguieron, y Jesús les dijo que había un precio para ser su discípulo. Para ser discípulo, había que entender el amor de Dios. Contó tres parábolas sobre el amor de Dios. Primero, sobre un pastor dispuesto a dejar noventa y nueve ovejas para encontrar una sola oveja perdida. En segundo lugar, sobre un propietario que puso la casa patas arriba para encontrar una moneda perdida. Por último, sobre un padre que esperaba que su hijo que se había ido de la casa regrese para poder abrazarlo.

Les dijo que no perdieran la fe, que fueran humiles y que no buscaran la prosperidad.

Jesús estaba camino al ministerio cuando María y Martha recibió la noticia que su hermano, Lázaro, estaba muy enfermo y a punto de morir en su ciudad natal de Betania. Jesús decidió no ir de inmediato. Dijo que la enfermedad de Lázaro no lo llevaría a la muerte, sino que llevaría a la gloria de Dios. Después de dos días, Jesús dirigió a todos hacia Betania. Cuando llegaron, Marta salió corriendo y dijo que Jesús había llegado demasiado tarde. Su hermano estaba muerto... Si tan solo Jesús hubiera llegado a tiempo.

Jesús respondió: "Yo soy la resurrección y la vida. El que crea en mí vivirá después de muerto. Yo les daré la vida eterna". María, la otra hermana de Lázaro, también llegó. También ella deseaba que Jesús hubiera llegado días antes.

El pasaje Bíblico, "Jesús lloró" es el versículo más corto de la Biblia. (Juan 11:35)

Cuando Jesús vio todo el llanto y la tristeza alrededor, él también lloró. Exigió ir a la tumba de Lázaro.

En aquella época se envolvía a los muertos en vendas, se les colocaba en una tumba y se hacía rodar una roca sobre la entrada para evitar que entraran los animales y ladrones. Jesús pidió a la gente que hiciera rodar la piedra que sellaba la tumba de Lázaro. Todos pensaron que era una mala idea porque llevaba cuatro días muerto. Los muertos realmente apestan. Pero lo hicieron de todos modos.

Jesús miró dentro de la tumba y gritó: "¡Lázaro, sal!".

Entonces, un hombre envuelto en telas salió. Le quitaron las vendas. Era Lázaro, vivo y sano.

La noticia se hizo viral. Todo el mundo hablaba de ello.

Muchos fueron a ver a Lázaro. A los líderes religiosos no les gusto. Querían a Jesús muerto...y a Lázaro también.

Jesús se desplazó a pueblos más pequeños alrededor de Jerusalén.

Un hombre de baja estatura en Jericó

(LUCAS 17:11-19; 18:35-19:27)

Uno de esos lugares era Jericó, la ciudad que Josué derrotó y cuyas murallas se derrumbaron. Mientras Jesús se acercó a ella, diez leprosos le pidieron a gritos que los sanara. Les dijo que fueran a ver al sacerdote y que se sanarían. Todos fueron sanados y nueve siguieron su camino, pero uno, un samaritano, volvió para dar las gracias a Jesús. Jesús le contó que su fe era lo que realmente le había sanado, hasta su espíritu, porque mostraba fe y agradecimiento.

Mientras Jesús seguía caminando, se encontró con un mendigo ciego que le pedía clemencia. Jesús le preguntó qué quería. El hombre quería ver. Jesús le dijo: "Tu fe te ha sanado". ¡El hombre pudo ver!

En Jericó, una gran multitud que se hacía cola en las calles recibió a Jesús. La multitud estaba tan apretada que un hombre pequeño llamado Zaqueo trató de ver por encima de las cabezas de la gente. Como era jefe de recaudadores de impuestos, probablemente nadie lo ayudó ni se hizo a un lado. Así que Zaqueo se subió a un árbol de sicómoro. Jesús lo vio y le gustó su esfuerzo. A Jesús no le importó que Zaqueo fuera un odiado recaudador de impuestos; pidió comer en la casa de Zaqueo. Zaqueo aceptó.

Jesús y sus discípulos disfrutaron de un buen banquete. Zaqueo, un hombre rico, escuchó a Jesús hablar e inmediatamente quiso arreglar las cosas y devolver el dinero que había tomado indebidamente. Prometió vender la mitad de sus posesiones y devolver a la gente más de lo que había tomado. Jesús dijo: "La salvación ha llegado a esta casa".

Jesús se dirigió a Jerusalén. Los seguidores se emocionaron, creyendo que Jesús iba a conquistar a los romanos y recuperar Israel. Jesús trató de recordarles que ese no era su reino.

Jesús iba a morir por el verdadero reino.

¿CUÁLES SON LAS IDEAS PRINCIPALES EN ESTE CAPÍTULO?

- Jesús se esforzó por hablar a las personas que a los judíos no les agradaba (por ejemplo, los leprosos y los recaudadores de impuestos). Necesitaba mostrarles que Dios ama a todos. Jesús pide a sus seguidores que hagan lo mismo.
- Jesús atacó a los líderes religiosos todo el tiempo porque no guiaban al pueblo de Dios hacia Él.
- El constante ataque de Jesús a los fariseos y al Sanedrín (el tribunal religioso judío) los llevó a arrestar a Jesús y a llevarlo a la cruz. No tenían ni idea de que formaban parte del plan para traer la salvación al mundo.
- Jesús enunció muchos "yo soy" para definirse como Dios, el gran "yo soy" que se presentó a Moisés.

17

La Cruz

MATEO 21–27; MARCOS 11–15; LUCAS 20–23; JUAN 12–19

¿QUIÉN ES QUIÉN?

» **Jesús**—nuestro Salvador, Señor sacrificado.

» **Pilato**—gobernador romano cuya esposa tenía malos sueños.

» **Herodes Antipas**—un rey que se creía rey, pero no lo era.

» **Caifás**—el sumo sacerdote que pensaba que estaba al mando, pero no lo estaba.

» » **Anás**—el antiguo sumo sacerdote y suegro de Caifás.

» » **Simón de Cirene**—ayudó a Jesús a cargar la cruz.

» » **Pedro**—quién lo negó y se arrepintió.

» » **Judas**— quién lo negó y lo traicionó.

¿DÓNDE ESTAMOS?

- **Jerusalén**—donde se realizaban todos los sacrificios, desde el templo hasta el mismo Jesús.
- **Monte de los Olivos**—un monte de olivos, como dice su nombre.
- **Getsemaní**—donde se exprimían los olivos y se realizaban oraciones profundas.
- **Gólgota**—donde la gente fue crucificada, también llamado "El lugar de la calavera".

DATOS INTERESANTES DE ESTA SECCIÓN

- El día en que Jesús murió, el viernes, se llama Viernes Santo. Aunque no parece Santo, lo bueno fue que Jesús murió por nuestros pecados para que pudiéramos ser perdonados.
- Para los judíos, el día de reposo era el sábado. El domingo era un día normal de trabajo.
- La última semana de la vida terrenal de Jesús se llama la Semana de la Pasión. La "Pasión" revela el amor y el corazón de Jesús por la gente al querer sacrificarse por nuestros pecados.
- La Pascua en Israel sería como el Día de Acción de Gracias o la Navidad en Estados Unidos. Era un gran acontecimiento.
- Cada vez que se menciona a Judas en la Biblia, también se menciona el dinero. Esto insinúa que la codicia era un gran problema para Judas

Domingo (MATEO 21:1-11; MARCOS 11:1-11; LUCAS 19:28-44; JUAN 12:1-19)

Era el día después del sábado, domingo, y todo el mundo tenía en mente la celebración de la Pascua. La Pascua era una fiesta nacional que comenzaría en pocos días, el jueves, y mucha gente había comenzado a llegar Jerusalén.

Profecía cumplida: "Alégrate mucho, hija de Sion; da voces de júbilo, hija de Jerusalén; he aquí tu rey vendrá a ti, justo y salvador, humilde, y cabalgando sobre un asno, sobre un pollino hijo de asna." (Zacarías 9:9)

Jesús y sus seguidores llegaron temprano a Jerusalén y se detuvieron en Betfagé y Betania, en el Monte de los Olivos. Jesús visitó a Lázaro, a quien había resucitado de entre los muertos. Muchos judíos creyeron en Jesús a causa de este milagro.

Ese día, Jesús envió a dos discípulos a la ciudad para que encontraran un burro que nunca había sido montado y se lo trajeran. Jesús entró en Jerusalén montado en el burro. La gente gritó: "¡Hosanna! ¡Bendito el que vieneen nombre del Señor!"

Arrojaron ramas de palma ante él y pusieron sus mantos en el suelo. Todos pensaban que Jesús había venido a conquistar a los romanos.

No. Él tenía un reino más importante por el que luchar.

Lunes (MATEO 21:12-17; MARCOS 11:15-19; LUCAS 11:15-19; JUAN 12:20-50)

¿Recuerdas hace tres años, cuando Jesús comenzó su ministerio y entró en el templo y desalojó a los cambiaban dinero y vendedores de corderos y palomas para el sacrificio? Bueno, Jesús lo hizo de nuevo. Nadie había aprendido la lección. Jesús derribó sus mesas y mandó a todos a la calle. Jesús amaba el templo y lo que representaba, pero odiaba cómo la gente lo usaba.

Esta vez los líderes religiosos estaban realmente molestos y lo querían muerto.

Son tres veces que Dios habló desde los cielos a los que rodeaban a Jesús.

Jesús sintió que se acercaba un momento muy importante. Él le dijo a sus seguidores que cuando una semilla cae en la tierra, tiene que morir, romperse y volver a la vida, producir fruto y así también alguien debe perder su vida para salvarla. Jesús sabía que vino a la tierra por esta misma razón. Miró al cielo y dijo: "¡Padre, glorifica tu nombre!"

Una voz vino del cielo: "¡Lo he glorificado y lo volveré a hacer!". La gente lo oyó como un trueno.

Jesús se dirigió a la gente y dijo: "Seré levantado de esta tierra y guiaré a la gente hacia mí". Significaba que sería levantado en una cruz y que su muerte guiaría a muchos a creer en Él. En este momento, muchos luchaban por creer en Él. Algunos fariseos empezaron a creer, pero tenían miedo de perder su trabajo y ser expulsados del templo.

"No he venido a juzgar al mundo", dijo Jesús, "sino a salvarlo. Les digo lo que me dice mi Padre". Esa noche, Jesús se quedó fuera de Jerusalén porque muchos querían que muriera cuanto antes.

Martes (MATEO 21:18–25:46; MARCOS 11:19-13:37; LUCAS 20:1–21:36)

Aquella mañana muy temprano, cuando Jesús y sus discípulos se dirigían a Jerusalén, vieron una higuera sin fruto, solo con hojas. Jesús le dijo al árbol que no volvería a producir frutos. El árbol se marchitó. Los discípulos se preguntaron cómo lo había hecho Jesús. "Si tienen fe y no dudan, pueden tirar las montañas al mar. Sólo tienen que orar".

Cuando entraron al patio del templo, los jefes de los sacerdotes y los ancianos detuvieron a Jesús y le preguntaron de dónde creía que sacaba toda esa autoridad. Jesús les hizo una pregunta sobre la autoridad: "Cuando Juan bautizaba, ¿obtenía su autoridad del cielo o de la tierra?". Esta era una pregunta con trampa y haría que los líderes quedaran mal con cualquiera de las dos respuestas. Le dijeron a Jesús que no lo sabían. Él respondió:

"Entonces no les voy a decir con qué autoridad hago

esto".

Jesús siguió diciendo muchas parábolas que atacaban a los fariseos.

Las parábolas sobre los dos hijos, los labradores que alquilaron una propiedad de un Labrador, y el banquete de bodas decían que los fariseos eran desobedientes y asesinos a los que no se les permitiría entrar al cielo. Los recaudadores de impuestos y los pecadores que creyeron y amaron a Jesús estarán allí con Dios por la eternidad antes que ellos.

Los líderes religiosos sabían que estaba hablando de ellos y trataron de encontrar la manera de arrestarlo y matarlo. Sin embargo, Jesús se estaba haciendo muy popular, así que lo dejaron ir.

En cambio, los líderes religiosos trataron de engañar a Jesús con palabras. Le preguntaron a Jesús si debían pagar el impuesto imperial al césar, tratando de meterlo en problemas políticos. Él se dio cuenta del plan y pidió una moneda. La tomó, vio la imagen del césar y dijo: "Den al césar lo que es del césar y den a Dios lo que es de Dios".

Ahora le tocó el turno a otro grupo: los saduceos, que no creían en el cielo, en los ángeles ni en la vida después de la muerte. Le preguntaron a Jesús qué pasa con una mujer cuyo marido muere y se casa con su hermano para mantener la herencia en la familia. Luego ese hermano muere y ella se casa con otro hermano, luego con otro, hasta llegar a siete hermanos. "Entonces, en el cielo, ¿de quién será la esposa?" La pregunta era ridícula. Jesús respondió: "No conoces las Escrituras, ¿verdad? En el cielo no hay matrimonio".

A continuación, los fariseos enviaron a un experto en la ley. "Maestro, ¿cuál es el mandamiento más importante de la ley?" Ese fue fácil de responder para Jesús. "Ama al Señor tu Dios con todo tu corazón y con toda tu alma y con toda tu mente. Ese es el primero. El segundo es amar a tu prójimo tanto como a ti mismo". Todos estuvieron de acuerdo en que era una buena respuesta.

Los fariseos siguieron intentando atrapar a Jesús, pero no funcionó. Jesús les devolvió el ataque, diciéndoles que no practican lo que predican, solo tratan de hacer la vida difícil a los demás. Jesús les dijo a todos que no los llamaran maestros. Los maldijo, llamándolos hipócritas, guías ciegos, tontos, serpientes y asesinos. Dijo que parecían bonitos y se lavaban por fuera, pero que por dentro estaban sucios, eran malvados y solo buscaban sangre. Puedes imaginar cómo se sintieron cuando Jesús dijo eso.

Los crecientes ataques de Jesús de los líderes religiosos aceleraron su deseo de llevarlo a la cruz,

Jesús y sus discípulos entraron al área de tesorería del templo, donde la gente dejaba sus ofrendas. Muchos ricos echaban grandes cantidades para que todos las vieran. Pero Jesús vio a una viuda pobre que echaba un par de céntimos en la ofrenda y dijo: "Los demás dieron de su riqueza. Ella dio de su pobreza. Eso era todo lo que tenía para vivir. Ella puso más en la ofrenda que esos ricos".

El grupo salió del templo, donde tenían una vista de los magníficos edificios de Jerusalén y de los alrededores del templo. Jesús los sorprendió diciendo: "Un día todo esto será destruido". Los discípulos preguntaron cuándo ocurriría esto.

Jesús les dijo que vigilaran y se aseguraran de que nadie los engañara. Dijo que habría falsos profetas, guerras, hambrunas y terremotos, y que todos serían perseguidos y condenados a muerte. Dijo que habría traición, maldad y mentiras, pero que el evangelio sería predicado a todoel mundo. Después de eso, llegará el fin. Sería muy malo. La gente correría por sus vidas. Sería diferente a todo lo que han visto.

Un día Jesús, volverá a la tierra y se llevará con él a los que creen en él.

Jesús enfatizó: "¡No escuchen a los falsos profetas ni a los que dicen ser mesías! ¡Un día volveré con un fuerte y victorioso toque de trompeta! Nadie sabe cuándo sucederá". Dijo que sería como un ladrón que sorprende al dueño de la casa por la noche. Jesús les dijo que, aunque todo lo que ven desaparecerá, sus palabras jamás pasarán.

Luego, Jesús contó las parábolas de un siervo fiel y prudente y de un siervo malvado cuyo amo estaba ausente, de diez damas de honor que fueron sorprendidas por la llegada del novio, y de tres siervos a los que se les dio bolsas de oro y se les dijo que las multiplicaran. Todas las historias hablaban de no estar preparados para la llegada del amo, de no hacer lo suficiente para estar preparados para él. En esas historias, cualquiera que no sirviera fielmente al amo era expulsado y castigado.

Jesús les advirtió sobre el infierno, un lugar donde los pecadores desobedientes y obstinados que se niegan a amar a Dios, su amo, son castigados para siempre, comenzando el día en que les llega la muerte.

El día en que Jesús regrese, será como un pastor que separa las ovejas de las cabras. Las ovejas son las que muestran su amor a Jesús ayudando a los demás. Ellos estarán con Él para siempre. Las cabras son las que se aman así mismas, del pecado y de Satanás, quienes van a estar en el infierno para siempre.

> **El infierno es un lugar donde van todos los que no creen en Jesús para continuar con su deseo de estar separados de él.**

"¿Qué quieres? ¿La vida eterna o el castigo eterno?" les preguntó Jesús.

Esa noche, cuando faltaban dos días para la Pascua y la Fiesta de los Panes sin Levadura, Jesús se sentó en la mesa de la casa de Simón el leproso (aparentemente alguien a quien Jesús curó de la lepra). Mientras estaba allí, una mujer, María, hermana de Lázaro, entró con un frasco de perfume muy caro. Lo rompió y dejó que el perfume se derramara sobre la cabeza de Jesús. Es lo que se llama una unción.

Algunas personas de su entorno protestaron, diciendo que era una pérdida de dinero, que valía hasta un año de salario. A Jesús le pareció que era algo hermoso porque lo preparaba para su entierro. Jesús sabía que iba a morir pronto, y los cadáveres se cubrían de perfume para que olieran bien en la tumba.

Profecía cumplida:"Y les dije: Si os parece bien, dadme mi salario; y si no, dejadlo. Y pesaron por mi salario treinta piezas de plata" (Zacarías 11:12)

Judas Iscariote estaba a cargo del dinero del grupo, y a él no le gustaba cómo iban las cosas. Judas buscó una oportunidad para cambiar las cosas. Se reunió con los líderes religiosos a los que Jesús atacó, y acordó entregar a Jesús por treinta monedas de plata.

El día siguiente, el miércoles, fue un día tranquilo. El jueves, sin embargo, sería un día muy ocupado y muy importante en la historia.

Jueves (MATEO 26:1-30; MARCOS 14:1-26; LUCAS 22:1-38; JUAN 13-17)

El jueves comenzó la Fiesta de los Panes sin Levadura, un día que celebraba la salida de los israelitas de Egipto, cuando hicieron pan, pero no tuvieron tiempo de esperar a que creciera. Dios obró con rapidez para llevarlos a la libertad. Jesús moriría rápidamente: En casi doce horas, estaría en una cruz muriendo por los pecados de la gente y liberándolos de la muerte.

Jesús les dijo a los discípulos que fueran a Jerusalén a prepararse para la Pascua, que empezaba al atardecer. La Pascua conmemoraba que los judíos en Egipto fueron protegidos de la muerte cuando ponían la sangre del cordero en los postes de sus puertas para que la muerte pasara por encima de sus hogares. Encontraron una habitación disponible en el segundo piso de una casa, llamada habitación del piso superior.

Una vez que todos se sentaron, Jesús se quitó la túnica y lavó los pies de todos los asistentes. Normalmente lo hacía un siervo, no un rabino, pero Jesús quería mostrarles un ejemplo de humildad.

Al volver a la mesa, Jesús dijo que uno de los presentes lo traicionaría. Todos se sorprendieron, especialmente Judas. "¿Seguro que no soy yo?" Jesús se inclinó y dijo: "Sí, ahora ve y haz lo que tengas que hacer" y Judas se fue. Judas era su tesorero, así que siempre se iba a pagar las facturas.

Jesús se dirigió a los demás y les dijo: "Solo estaré aquí un poco más, así que quiero decirles que se amen unos a otros, como yo los he amado."

Pedro aceptó con entusiasmo, pero Jesús le dijo: "Esta noche me negarás tres veces antes de que cante el gallo". En la mesa de la Pascua siempre había dos elementos: el pan y el vino. Jesús tomó el pan, lo partió y lo repartió a los demás y dijo: "Esto representa mi cuerpo.

Tomen y coman". Luego tomó el vino y pasó la copa, diciendo: "Esto representa mi sangre. Beban y recuérdenme".

Toda esta charla sobre partir, la traición y la muerte molestó a sus amigos de la mesa. "No dejen que sus corazones se perturben. Les voy a preparar un lugar para que un día puedan reunirse conmigo". Jesús continuó: "Yo soy el camino, la verdad y la vida, y nadie puede llegar al Padre sino por mí".

Solo hay una manera de llegar a Dios, y es través de una relación con Jesús. ¡No hay otro camino!

Jesús describió una vid que se extiende hasta las ramas, que producen frutos. Entonces les dijo que Él era la vid y ellos las ramas. Un seguidor debe estar estrechamente unido a Él para producir fruto. Jesús prometió que el Espíritu Santo vendría y los llenaría, enseñándoles y guiándoles mientras señalaba los pecados del mundo.

Jesús oró a su Padre, glorificándolo, y luego pidió a Dios que protegiera a estos discípulos y a los nuevos creyentes que vendrían. Cantaron una canción y luego se dirigieron al Monte de los Olivos.

Bajo arresto (MATEO 26:36-56; MARCOS 14:27-52; LUCAS 22:39-51; JUAN 18:1-12)

El Monte de los Olivos es una montaña situada en el lado sur de Jerusalén, cerca del templo. Allí crecían

Profecía cumplida:
"Levántate, oh espada, contra el pastor, y contra el hombre compañero mío, dice Jehová de los ejércitos. Hiere al pastor, y serán dispersadas las ovejas; y haré volver mi mano contra los pequeñitos." (Zacarías 13:7)

muchos olivos, por lo que era un monte de olivos. El nombre de la zona del jardín donde se reunían Jesús y sus discípulos se llamaba Getsemaní, que significa "prensa de olivos".

Es aquí donde Jesús sintió la presión de lo que iba a suceder. Pidió a sus apóstoles que esperaran cerca y oraran y que se queden despiertos. Jesús oró, vencido por el dolor: “Padre, si es tu voluntad, quita esto de mí, pero estoy aquí por tu voluntad, no por la mía".

Jesús fue a ver cómo estaban sus discípulos. Estaban todos dormidos. “¿No podían quedarse despiertos una hora?”. Jesús vio entonces al grupo que venía a arrestarlo. "Aquí vamos, el Hijo del Hombre está a punto de ser entregado a los pecadores".

Judas irrumpió entre la multitud y besó a Jesús. Fue una señal para los soldados de que él era el hombre que querían.

Mientras los soldados agarraban a Jesús, Pedro sacó una espada, cortó la oreja de un tipo llamado Malco. Jesús le volvió a poner la oreja y lo sanó por completo.

Entonces los soldados ataron a Jesús y se lo llevaron. Los discípulos huyeron asustados.

Juicio de los líderes religiosos (MATEO 26:27:10; MARCOS 14:53-65; LUCAS 22:52-71; JUAN 18:13-28)

A última hora de la noche, los soldados llevaron a Jesús ante Anás, el suegro del sumo sacerdote. Este interrogó a Jesús sobre su enseñanza. Jesús le dijo que no tenía nada que ocultar.

Uno de los funcionarios abofeteó a Jesús, considerando su respuesta irrespetuosa.

"Si dije la verdad, ¿por qué me golpeaste?", preguntó Jesús a su agresor.

Anás lo envió encadenado a Caifás, el sumo sacerdote en funciones. Muchos maestros y miembros del Sanedrín estaban allí. Querían encontrar algo malo en Jesús, pero no pudieron. Hablaron con algunos testigos que decían mentiras sobre Jesús, diciendo que quería derribar el templo y construir un nuevo reino.

> Profecía cumplida:"Angustiado él, y afligido, no abrió su boca; como cordero fue llevado al matadero; y como oveja delante de sus trasquiladores, enmudeció, y no abrió su boca." (Isaías 53:7)

Le pidieron a Jesús que se defendiera. Él guardó silencio.

Caifás presionó a Jesús. "¡Si eres el Mesías, el hijo de Dios, dínoslo!"

Jesús respondió tranquilamente: "Lo soy, pero no

me creerás. Y un día me verás sentado en el trono junto a Dios".

Todos se volvieron locos, diciendo que hablaba contra Dios, ¡pensando que era igual a Dios! "¡Debe morir!" Le escupieron en la cara, le vendaron los ojos, le dieron puñetazos y bofetadas.

Mientras tanto, Pedro se puso fuera, en el patio, observando todo desde la distancia. Hacía frío, así que muchos se reunieron alrededor del fuego. Una sirvienta lo miró y reconoció que estaba con Jesús de Nazaret. Pedro lo negó diciendo: "No sé de qué me hablas".

Pedro se alejó, pero otra sirvienta lo reconoció como amigo de Jesús. Pedro volvió a negarlo. "¡No conozco a ese hombre!".

Entonces se acercó un grupo y uno de ellos acusó a Pedro de haber cortado la oreja a su pariente. Pedro gritó, maldiciendo, ¡jurando que no conocía a ese hombre!

En ese momento, cantó un gallo. Pedro recordó lo que había dicho Jesús: que Pedro negaría a Jesús tres veces antes de que cantara el gallo. Pedro salió corriendo y llorando.

Mientras esto sucedía, Judas empezó a sentirse muy culpable por lo que había hecho, traicionando a Jesús y entregándolo a los líderes religiosos. Judas se dirigió a los que le pagaron y les tiró las bolsas de plata. Judas huyó y se ahorcó. Nadie quería tocar el cuerpo de un hombre maldito.

Interrogatorio Romano (MATEO 27:11-30; MARCOS 15:1-20; LUCAS 23:1-25; JUAN 18:29-19:16)

Los líderes religiosos judíos podrían haber apedreado a Jesús, pero querían que fuera crucificado como un delincuente común, así que decidieron llevarlo ante Pilato, el gobernador romano y la persona más poderosa de la zona. Le presentaron a Jesús y le dijeron que se negaba a pagar impuestos y que decía ser un rey. Según los romanos, el único rey era el césar. Pilato preguntó a Jesús: "¿Eres tú el rey de los judíos?". "Lo soy," respondió Jesús. Pilato no vio nada malo en que una persona pensara eso.

Los líderes insistieron. "Él incita a la gente en toda Judea y Galilea".

Pilato escuchó la palabra Galilea y envió a Jesús a Herodes Antipas, el hijo de Herodes el Grande, quién gobernaba sobre los judíos, pero realmente no tenía ningún poder. Herodes se encontraba en Jerusalén en ese momento.

Herodes deseaba conocer a Jesús desde hacía mucho tiempo. Esperaba que Jesús realizara una señal o algo genial, pero Jesús no hizo nada y se negó a responder a cualquier pregunta. Herodes se enfadó e hizo que sus soldados se burlaran y golpearan a Jesús, le pusieran un manto y lo vistieran como un rey.

Herodes envió a Jesús de vuelta a Pilato. Pilato volvió a decir que no podía encontrar ninguna base para crucificar a Jesús. Pero los líderes religiosos judíos gritaron y chillaron.

Pilato se acordó de una costumbre que tenía de liberar a un prisionero en la Pascua. Era algo que alegraba al pueblo. Pilato ofreció liberar a Jesús o a Barrabás, un hombre arrestado por rebelión y asesinato. El pueblo gritó: "¡Queremos a Barrabás!". Pilato liberó a un asesino en lugar de a un hombre inocente.

La esposa de Pilato fue con Pilato y le dijo que había tenido un mal sueño la noche anterior. Ella le advirtió a Pilato que no tuviera nada que ver con este hombre inocente.

Pilato quería liberar a Jesús, pero el pueblo insistió. "¡Crucifícalo! ¡Crucifícalo!", gritaban. Pilato se preguntaba por qué; Jesús no había hecho nada malo.

Se dirigió a Jesús y le preguntó: "¿Eres tú el rey de los judíos?".

Jesús le contestó: "¿Es esa tu idea o te lo ha dicho otra persona? Mi reino no es de este mundo. Aquellos que conocen la verdad saben quién soy".

Pilato negó con la cabeza. "¿Qué verdad?"

Pilato decidió torturar a Jesús, así que lo entregó a los soldados, que lo azotaron y no tuvieron piedad. Los guardias crearon una corona de espinas, ya que todo "rey" necesita una corona, y se la pusieron en la cabeza. Le abofetearon y se burlaron de él, inclinándose ante él como un rey.

Entonces Pilato mostró a Jesús a todos. "Aquí está el hombre que se cree su rey". Pilato esperaba que tortu-

rar a Jesús fuera suficiente para satisfacer a la multitud y podría dejar ir a Jesús. Pero los fariseos habían estado incitando a la multitud por un buen tiempo, así que ahora todos se volvieron contra Pilato, incluso los que lo habían estado animándolo no hace mucho. "¡Crucifícalo! ¡Crucifícalo!

¡Nuestro rey es el César!".

Sin nada más que hacer y temiendo que la multitud se amotinara, Pilato entregó a Jesús para que fuera crucificado.

La crucifixión

(MATEO 27:31-56; MARCOS 15:20-40; LUCAS 23:26-49; JUAN 19:17-37)

Las primeras tres horas

Jesús fue severamente golpeado por los soldados

romanos, luego le despojaron de sus prendas hasta dejarlo casi sin nada y le dijeron que llevara su cruz por las calles. Una cruz era una gran T de madera en la que colgaban a la gente para que muriera. El peso de la gran viga de madera era demasiado para Jesús después de la paliza, así que los guardias sacaron a un tipo llamado Simón de la ciudad de Cirene para que lo ayudara.

Profecía cumplida:"Mas él herido fue por nuestras rebeliones, molido por nuestros pecados; el castigo de nuestra paz fue sobre él, y por su llaga fuimos nosotros curados" (Isaías 53:5)

Cuando llegaron al Gólgota (que significa "lugar de la calavera"), clavaron los clavos en las manos y los pies de Jesús, asegurándolo a la cruz y levantándolo para que se desangrara y muriera al sol.

Como era costumbre, pusieron una señal sobre su cabeza para que todos supieran su crimen. “Este es Jesús: El rey de los judíos”. Eran las nueve de la mañana.

A ambos lados de Jesús había dos delincuentes que se burlaban de Él, al igual que muchos otros que pasaban por allí. Los jefes de los sacerdotes y los maestros de la ley le lanzaban insultos: "¡Salvó a otros, pero no puede salvarse a sí mismo!" y "¡Si eres tan especial, baja de la cruz y muéstranoslo!".

Con el tiempo, uno de los criminales que estaba junto a Jesús empezó a entender quién era Jesús.

Defendió a Jesús contra los acusadores y dijo: “No

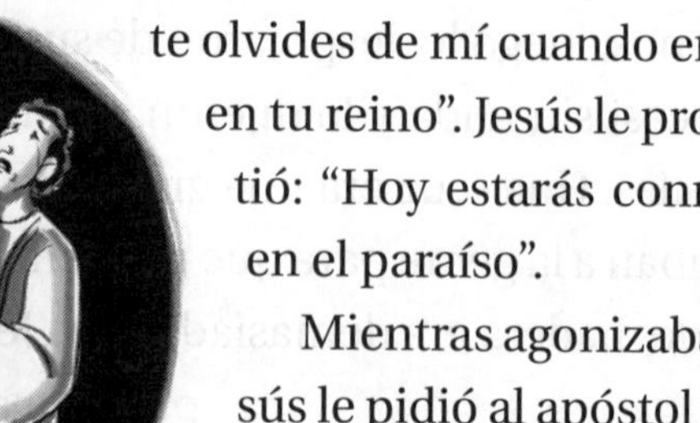

te olvides de mí cuando entres en tu reino". Jesús le prometió: "Hoy estarás conmigo en el paraíso".

Mientras agonizaba, Jesús le pidió al apóstol Juan que cuidara de su madre.

Miró a sus acusadores y torturadores y dijo: "Padre, perdónalos, porque no saben lo que hacen".

Las tres horas finales

Desde el mediodía hasta las tres, todo empezó a oscurecerse. Jesús gritó: "Dios mío, Dios mío, ¿por qué me has abandonado?". Jesús se sentía solo. Tenía sed.

Jesús gritó: "Padre, en tus manos entrego mi espíritu".

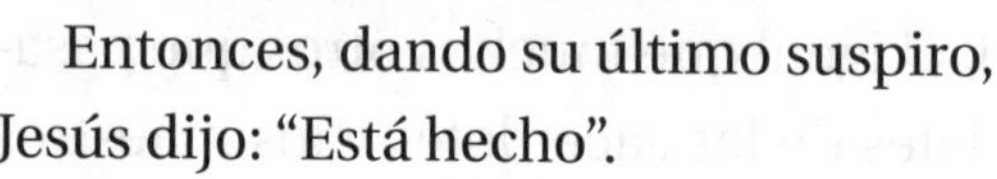

Entonces, dando su último suspiro, Jesús dijo: "Está hecho".

En ese momento, un terremoto sacudió la tierra.

El velo del templo que separaba a Dios del pueblo se rompió.

Las tumbas se abrieron y los muertos que amaban a Dios volvieron a la vida.

Un centurión romano que había visto muchas personas crucificadas sabía que ésta era diferente. "Ciertamente era el Hijo de Dios", murmuró.

Pero para asegurarse de que Jesús estaba muerto, le clavaron una lanza en el pecho.

Profecía cumplida:"Con todo eso, Jehová quiso quebrantarlo, sujetándole a padecimiento. Cuando haya puesto su vida en expiación por el pecado, verá linaje, vivirá por largos días, y la voluntad de Jehová será en su mano prosperada." (Isaías 53:10)

Muchos seguidores de Jesús, en su mayoría mujeres, observaron todo esto desde la distancia, incluyendo a María, su madre, María Magdalena y otras. Algunas de ellas ayudarían a poner a Jesús en la tumba… una tumba en la que él se negó a permanecer.

¿CUÁLES SON LAS IDEAS PRINCIPALES EN ESTE CAPÍTULO?

- Jesús murió en la Pascua para mostrar que su muerte, como el cordero del sacrificio, garantizaba que el creyente no moriría, sino que la muerte "pasaría por encima" de los que pusieran su fe en Jesús.
- Jesús sufrió la muerte hasta el extremo. Fue traicionado, abandonado, burlado, escupido, golpeado, apuñalado, condenado injustamente, de todo. Jesús puede identificarse con la forma en que muchas personas mueren en esta tierra.
- Jesús fue muy compasivo y amable con los demás mientras moría, incluso con los que lo pusieron en la cruz.
- La tierra tembló y el cielo se oscureció con la muerte de Jesús, que había venido a la tierra a mostrar amor y sacrificio. ¡La muerte de Jesús realmente sacudió las cosas!
- La mayoría de los que se quedaron con Jesús hasta el final eran mujeres.

18

Él Está de Regreso

MATEO 28; MARCOS 16; LUCAS 24; JUAN 20–21

¿QUIÉN ES QUIÉN?

» **Jesús**—no puedes limitar a un hombre bueno.

» **José de Arimatea**—un hombre rico que brinda un sepulcro de su propiedad a Jesús por tres días.

» **Nicodemo**—el fariseo regresó para ayudar a sepultar a Jesús.

» **María Magdalena**—recibe el premio por ser la primera en ver a Jesús resucitado.

» **Tomás**—el incrédulo que obtuvo todas las pruebas que necesitaba.

» **Pedro**—el cobarde se convierte en el líder.

¿DÓNDE ESTAMOS?

» **Jerusalén**—donde caminan los muertos.

» **Habitación del piso superior**—el escondite de los discípulos.

» **Camino a Emaús**—donde Jesús dio un paseo.

» **Galilea**—donde Jesús se detuvo para pescar.

DATOS INTERESANTES DE ESTA SECCIÓN

» Una resurrección es un cuerpo que vuelve a la vida en una forma nueva y eterna. El antiguo cuerpo de Lázaro resucitó, pero ese cuerpo finalmente murió. El cuerpo resucitado de Jesús está listo para la eternidad y nunca morirá. Es el cuerpo que todos los creyentes algún día recibirán.

» Jesús es la única persona en la historia con un cuerpo resucitado.

» Pablo, un escritor en el Nuevo Testamento, dijo que más de quinientas personas vieron a Jesús resucitado durante esos cuarenta días. Esa es una prueba bastante buena.

» Los judíos contaban un día como cualquier parte de ese día, no como un total de veinticuatro horas. Jesús murió el viernes (un día), estuvo en el sepulcro todo el sábado y resucitó el domingo por la mañana (un día). Son tres días, aunque no sea setenta y dos horas en total.

Viernes por la tarde (MATEO 27:55-66; MARCOS 15:40-47; LUCAS 23:49-56; JUAN 19:21-42)

La gran celebración de la Pascua comenzaba al anochecer y los judíos debían estar en sus hogares para ese momento. El viernes era el día de preparación para el sábado.

Había un ajetreo para terminar los preparativos antes de las 5 p.m., para no tener que trabajar el sábado.

José de Arimatea, un hombre rico y miembro del Consejo quien secretamente se había convertido en un discípulo de Jesús, pidió su cuerpo. Pilato le dio permiso y José se llevo el cuerpo con ayuda de Nicodemo, el fariseo que había conocido a Jesús esa noche.

Cubrieron el cuerpo de Jesús con fragancias y perfumes, como incienso y mirra; luego, envolvieron el cuerpo por completo en una sábana. ¡Estas especias pesaban casi treinta y cuatro kilos, la cantidad que se usaría para sepultar un rey!

> Es interesante que dos de los regalos que dieron los sabios se usaron en la sepultura de Jesús.

José era rico y recientemente había cavado un sepulcro en la roca para su familia. Un sepulcro era como una pequeña habitación en la que alguien podía entrar y colocar muchos cuerpos. El cuerpo de Jesús fue el primero que se colocó en ese sepulcro.

Unos pocos seguidores de Jesús, todas mujeres, siguieron a José y Nicodemo para ver dónde colocaban el cuerpo de Jesús. Luego, rodaron una piedra a la entrada del sepulcro para mantener a la gente fuera y corrieron a casa antes de la puesta del sol.

> **Profecía cumplida:**
>
> **"Y se dispuso con los impíos su sepultura, mas con los ricos fue en su muerte; aunque nunca hizo maldad, ni hubo engaño en su boca." (Isaías 53:9)**

Algunos de los líderes judíos recordaron que Jesús hablaba sobre resucitar de entre los muertos. No querían que los apóstoles se robaran el cuerpo de Jesús en secreto y digan que había resucitado, por lo que le pidieron a Pilato que pusiera guardias alrededor del sepulcro. Pilato estuvo de acuerdo y los mejores guardias de Roma se posicionaron afuera para mantener a la gente alejada.

Pero no pudieron retener a nadie...

Sábado

No hay nada escrito sobre lo que pasó el sábado, pero como era un día de reposo, era un día donde no se trabajaba y de reflexión sobre lo que era la Pascua. Los apóstoles se quedaron en la habitación del piso superior que habían alquilado el jueves y los judíos no fueron a ninguna parte porque el sábado era el día de reposo.

Domingo por la mañana (MATEO 28:1-8; MARCOS 16:1-8; LUCAS 24:1-12; JUAN 20:1-10)

Ni bien amaneció, los judíos pudieron salir de sus casas y caminar por ahí. Este era el primer momento posible en el que cualquiera podía visitar el sepulcro. Algunas mujeres decidieron visitar para ungir las fragancias y especias aromáticas alrededor del cuerpo.

La aparición de Jesús resucitado fue ante las mujeres, mostrando lo importantes que son las mujeres para Dios.

Esta era una costumbre que la familia hacía para que el cuerpo en descomposición de su ser amado no apestara.

Las primeras testigos—María Magdalena, Juana, María la madre de Jacobo y José, Salomé la madre de Jacobo y Juan, y las demás que acompañaban —llegaron al sepulcro al amanecer para cubrir el cuerpo de Jesús con perfumes. Mientras se dirigían al sepulcro, se preguntaban quién podría ayudarles a quitar la piedra, que debía pesar ciento treinta y seis kilos.

Cuando llegaron, la piedra ya había sido removida.

¿Cómo sucedió esto? Unos momentos antes, un gran terremoto había sacudido la zona porque un ángel bajó del cielo y quitó la piedra. Los guardias romanos, unos de los hombres más rudos del lugar, se asustaron tanto que temblaron y sus caras se volvieron blancas, así que huyeron.

Sin embargo, las mujeres no tuvieron miedo y miraron dentro del sepulcro, y no estaba Jesús, solo un joven vestido con un manto blanco sentado ahí. Les dijo: "Ustedes buscan a Jesús. No está aquí. Ha resucitado. Miren dónde han puesto su cuerpo. Ahora vayan a decirles a sus discípulos, especialmente a Pedro".

Corrieron, temblando de emoción.

Las mujeres entraron en la habitación del piso superior y empezaron a hablar al mismo tiempo, tratando de contar la noticia. Lo que decían no tenía sentido para los hombres: "¡Jesús... vivo... vacío... ángel... sepulcro... resucitado!"

¿Qué significaba todo esto?

Pedro y Juan fueron los primeros que salieron corriendo lo más rápido que pudieron al sepulcro. Dentro, encontraron las vendas de lino que utilizaron para envolver a Jesús bien dobladas. Al instante creyeron.

¡Jesús estaba vivo! Entonces, regresaron corriendo a contárselo a los demás.

Apariciones de Jesús (MATEO 28:9-20; MARCOS 16:9-20; LUCAS 24:13-53; JUAN 20:11-21:25)

En total, Jesús se le apareció a más de quinientas personas durante sus cuarenta días de haber resucitado. Aquí están las historias de algunas de las personas con las que se encontró

La otra María lo sabía

Mientras Pedro y Juan volvían corriendo, María Magdalena se quedó afuera del sepulcro, llorando. Miró dentro y vio a dos ángeles. Ellos le preguntaron por qué lloraba. María estaba triste porque se habían llevado a Jesús.

> El cuerpo resucitado de Jesús se parecía a Jesús, pero no era reconocido al principio.

De repente, se escuchó una voz detrás de ella: "¿Por qué lloras? ¿A quién buscas?" Ella pensó que se trataba del que cuidaba el huerto. Después de que María le respondió, la persona le dijo: "María".

Ella conocía el sonido de esa voz, ¡era Jesús! Entonces, exclamó: "¡Maestro!" y cayó a sus pies, sujetándose. Jesús le dijo que lo soltara porque estaba volviendo a su Padre y Dios, que ahora era el Padre y Dios de María.

María Magdalena corrió a la habitación del piso superior para contar a los demás que había visto al Señor.

El encubrimiento

Los guardias informaron a los jefes de los sacerdotes lo que había sucedido (el terremoto, el ángel y la piedra), pero no querían que esa historia saliera a la luz. Así que, sobornaron a los guardias para que no dijeran nada y contaran quc los discípulos habían venido a robar el cuerpo. Esta historia se hizo muy popular en la ciudad, incluso hasta hoy.

Dos discípulos de camino a Emaús

Dos discípulos de Jesús se dirigían a un pueblo llamado Emaús, a unos once kilómetros de Jerusalén. Ellos hablaban de todo lo que acababa de pasar con Jesús, su muerte e incluso su desaparición del sepulcro, lo que algunas mujeres comentaron.

Después, un extraño caminó junto a ellos y quiso saber lo que hablaban. Así que, le contaron todo y también que sus amigos fueron al sepulcro, donde comprobaron que Jesús había desaparecido.

El extraño les explicó muchas cosas de lo que ahora conocemos como la Biblia, y los discípulos se interesaron tanto por sus palabras que lo invitaron a cenar. En la cena, el extraño tomó el pan, lo partió y agradeció, tal como lo hacía Jesús. Entonces, sus ojos fueron abiertos y se dieron cuenta que no era un extraño, era su amigo Jesús, quien de pronto desapareció. Ellos corrieron de vuelta a Jerusalén para contarles la noticia a los apóstoles que estaban en la habitación del piso superior.

> El cuerpo resucitado de Jesús podía desaparecer y reaparecer, de un lugar a otro y a través de puertas cerradas.

"¡Es cierto, el Señor ha resucitado!"

El grupo de la habitación del piso superior

Una noche, mientras que los discípulos se escondían en la habitación del piso superior por miedo a los líderes judíos, Jesús se apareció ante ellos y dijo: "La paz sea con ustedes", mostrándoles los huecos de clavos en sus manos y pies para que vieran que en verdad era Él.

Jesús sopló sobre ellos para que reciban el Espíritu Santo y los mandó a que vayan a contarle a los demás.

El turno de Tomás

Desafortunadamente, Tomás no pudo estar durante la primera visita de Jesús en la habitación del piso superior. Cuando élregresó y los discípulos le contaron que Jesús estaba vivo, respondió: "No lo creeré hasta que vea las marcas de los clavos con mis propios ojos".

Una semana después, todos los discípulos se encontraban en la habitación, esta vez con Tomás. Aunque las puertas estaban cerradas como la última vez, Jesús apareció ahí de nuevo.

Luego se dirigió a Tomás y le dijo: "Pon tus dedos en estos agujeros de clavos. Mira dónde me clavaron, soy yo. Puedes dejar de dudar y comenzar a creer".

Tomás cayó de rodillas y convencido exclamó: "¡Señor mío y Dios mío!".

Jesús dijo: "Me has visto y ahora crees. Dichosos los que no han visto y sin embargo creen".

La pesca milagrosa Parte 2

Pedro, Tomás, Natanael, Jacobo, Juan y otros dos discípulos estaban pescando en el mar de Galilea. Ellos salieron cuando aún estaba oscuro, pero no pescaron nada.

Mientras remaban hacia la orilla, un hombre en la costa preguntó si habían atrapado algo y ellos dijeron que no.

El extraño les dijo: "Tiren la red a la derecha de la barca, y pescarán algo". Así lo hicieron y la red se llenó por completo de peces.

Juan, recordando el milagro que los sorprendió la primera vez, exclamó: "¡Es el Señor!". Pedro se tiró al agua y nadó hasta Jesús para darle la bienvenida.

Jesús tenía unas brasas encendidas y estaba friendo algunos pescados y había pan, otra señal de un milagro. Todos se juntaron y comieron. Esta era la tercera vez que Jesús los visitaba desde su resurrección.

Cuando terminaron de comer, Jesús se dirigió a Pedro y le preguntó: "¿Me amas?"

Pedro contestó: "Sí, Señor, tú sabes que te quiero". Jesús le dijo: "Apacienta mis ovejas".

Poco después, le hizo la misma pregunta y Pedro le afirmó su cariño.

Jesús luego le dijo: "Cuida de mis ovejas".

Por tercera vez, Él le preguntó si lo quería. Pedro ya se estaba estresando: "Sí, sí, tú lo sabes".

Jesús le dijo por tercera vez: "Apacienta mis ovejas".

Él estaba perdonando las tres veces que Pedro lo negó, con tres expresiones de cariño. Jesús confió en Pedro para que cuidara de su rebaño y su pueblo, que necesitaban ser guiados una vez que Él se fuera.

Una última vez en Galilea

Jesús se encontró con los once discípulos en una montaña de Galilea, y lo adoraron. Él les dio instrucciones para cumplirlas una vez que abandonara esta tierra.

Les dijo: "Se me ha dado toda autoridad. Por tanto, vayan y hagan discípulos de todas las naciones, bautizándolos en el nombre del Padre y del Hijo y del Espíritu Santo, enseñándoles a obedecer todo lo que les he mostrado a ustedes. No se preocupen porque les aseguro que estaré con ustedes siempre".

Próxima parada: el cielo

Después, cerca de Betania, en el Monte de los Olivos, Jesús llevó a sus discípulos a la montaña; allí alzó sus manos y los bendijo.

Entonces, Jesús fue llevado al cielo para sentarse a la derecha de Dios, su Padre. Los discípulos adoraron y cantaron, alabando a Dios por todo lo que vieron.

¡La próxima vez que Jesús venga a la tierra será el fin de ella y el comienzo de una nueva tierra y un nuevo cielo! ¡Ven pronto, Jesús!

Es difícil de creer, pero Jesús hizo muchas más cosas, sólo que no había espacio en todos los libros para relatar cada una de ellas.

¿CUÁLES SON LAS IDEAS PRINCIPALES EN ESTE CAPÍTULO?

- La resurrección es la base de nuestra fe y el acontecimiento más importante de la historia. ¿Por qué? Porque probó que Jesús era quien decía ser: Dios, el Mesías, nuestro Salvador. Nunca se ha predicho con exactitud su propia resurrección de entre los muertos.
- La Biblia dice que, sin la resurrección, nuestra fe es vacía e inútil. Sin la resurrección,no hay razón para ir a la iglesia,leer la Biblia o este libro.
- Mucha gente trata de explicar la resurrección a través de relatos, como el que se inventaron los guardias sobre los discípulos robando el cuerpo de Jesús. ¡Eso se cree incluso hoy en día! Recuerda, si Satanás puede hacernos dudar de la resurrección, él gana.
- Lo que Jesús les dijo a los discípulos que hicieran antes de partir son las mismas instrucciones que deberíamos hacer nosotros también: anunciar a la gente las buenas nuevas, ayudarlos a que acepten a Jesús como su Señor y Salvador, y enseñarles a ser seguidores de Dios.

19

Vamos a la Iglesia

HECHOS

¿QUIÉN ES QUIÉN?

- **Jesús**—aún al mando, aun cambiando vidas.
- **Pedro**—dirigió el primer sermón que dio inicio a la primera iglesia.
- **Esteban**—la primera persona que murió por Jesús.
- **Felipe**—la primera persona que voló de un lugar a otro sin un avión.
- **Funcionario Etíope**—estaba leyendo su Biblia mientras conducía su carro.
- **Pablo,** que antes era conocido como Saulo el destructor de la iglesia, se convierte en el constructor de la iglesia.
- **Cornelio**—visitado por un ángel y por Pedro, se convierte en el primer creyente gentil.
- **Bernabé**—un joven simpático y animoso.

¿DÓNDE ESTAMOS?

- **Jerusalén**—todos corren desde aquí para fundar iglesias en todo el mundo.
- **Antioquía**—aquí por primera vez se les llamo cristianos a las personas.
- **Varios lugares e islas**—el libro de Hechos nos lleva a tantos lugares que es como un programa un canal de viajes.

DATOS INTERESANTES DE ESTA SECCIÓN

- El libro de Hechos muestra las acciones de los apóstoles para llevar la verdad sobre Jesús a muchas personas y crear iglesias por toda la tierra.
- Una iglesia se define como una reunión de personas unidas por su creencia en Jesús, no un edificio donde la gente asiste. En aquellos días no había edificios para iglesias, solo casas y patios abiertos donde la gente se reunía para orar y El cristianismo se llamó originalmente el Camino, debido a la declaración de Jesús en Juan 14:6.
- Lucas escribió Hechos. Recogió información y escribió los capítulos 1-15 de Hechos, pero en el capítulo 16 Lucas utiliza palabras como "nosotros", lo que significa que se unió a Pablo en su viaje misionero.
- Hechos abarca tres continentes: Asia, Europa y África.
- Saulo era el nombre judío de Pablo. Pablo era su nombre romano/no judío. Como Pablo trabajaba para llegar a los no judíos, su nombre preferido era Pablo.

Hasta pronto Jesús, hola Espíritu Santo

(HECHOS 1-3)

Cuarenta días después de la resurrección de Jesús, tras alejarse y mostrarse a los discípulos, Jesús dio a sus seguidores una orden: No salgan de Jerusalén hasta que reciban la promesa de Dios... el Espíritu Santo. Jesús se paró en el Monte de los Olivos, el mismo lugar donde fue arrestado y le dijo a los discípulos: "Recibirán el poder del Espíritu Santo, y entonces serán testigos de lo que han visto en Jerusalén, Judea, Samaria y en toda la tierra".

Entonces Jesús fue llevado al cielo. Los discípulos observaron las nubes, asombrados por lo que veían. Aparecieron dos ángeles y dijeron:

"¿Por qué miran el cielo? Algún día volverá".

Los apóstoles fueron a la habitación del piso superior y se pusieron a orar. Incluso la madre de Jesús, María, se unió a ellos. Decidieron sustituir al traidor Judas por un nuevo apóstol. Votaron por un hombre llamado Matías.

Cincuenta días después, se celebró por primera vez el día de Pentecostés, cuando los judíos comenzaron la cosecha. Estaban reunidos varios creyentes, y un sonido como de viento que soplaba llenó la casa, y aparecieron pequeñas llamas de fuego sobre sus cabezas. Cuando el Espíritu Santo los llenó, empezaron a hablar en lenguas que no entendían. La gente que se ponía alrededor reconocía su idioma porque eran de esos lu-

gares.

Pedro se puso delante de una gran multitud y le dijo a la gente que el Antiguo Testamento sabía que ese día iba a ocurrir.

Citó las Escrituras que decían que un día Dios derramaría su Espíritu sobre el pueblo, ¡y hoy era ese día!

> **Profecía cumplida:**
>
> Y después de esto derramaré mi Espíritu sobre toda carne, y profetizarán vuestros hijos y vuestras hijas; vuestros ancianos soñarán sueños, y vuestros jóvenes verán visiones. (Joel 2:28)

Explicó la historia de Jesús: Dios mismo viniendo a la tierra y siendo entregado a hombres malvados que lo mataron en la cruz. Pero era imposible que la muerte lo detuviera. Mientras otros grandes líderes, como David, murieron, solo uno salió de la tumba, resucitó y ahora está sentado a la derecha de Dios. La gente comprendió y preguntó qué debía hacer. Pedro les dijo: "Arrepiéntanse de sus pecados para ser perdonados, y luego bautícense. El Espíritu Santo los llenará". El Espíritu Santo es una de las tres personas de Dios, y vive en las personas que confían en Jesús.

Tres mil personas aceptaron, se arrepintieron y se bautizaron aquel día. Inmediatamente comenzaron a reunirse, disfrutando de los mensajes de los apóstoles, comiendo unos con otros, orando. Se produjeron muchas señales y prodigios. La gente compartía todo lo que tenía con los demás, y nadie tenía necesidad. Día tras día, más personas se salvaban.

Pedro enciende el fuego (HECHOS 4-6)

Un día, Pedro y Juan iban al templo cuando vieron a un hombre que no caminaba desde su nacimiento. Les pidió dinero. Pedro no le dio dinero, sino que, en nombre de Jesús, le dio la capacidad de caminar. El hombre se levantó de un salto y comenzó a alabar a Dios.

Todos los que vieron esto y conocían al hombre se sorprendieron. Pedro preguntó: "¿Por qué se sorprenden? Es en el nombre de Jesús y por la fe que ha sido sanado". Pedro les dijo que se arrepintieran de sus pecados y pusieran su fe en el Mesías que Moisés y los profetas prometieron que un día vendría a la tierra. Muchos creyeron, aumentando el número de seguidores a cinco mil.

Los sacerdotes y los guardias del templo arrestaron a Pedro y a Juan y los llevaron ante el consejo, el "Tribunal Supremo" judío. Anás, el sumo sacerdote que se reunió con Jesús, preguntó a Pedro y a Juan: "¿En nombre de quién hacen todo esto?" "En nombre de Jesús", respondió Pedro. "El hombre que ustedes crucificaron y Dios resucitó de entre los muertos. Solo a través de su nombre puedes ser salvo".

Estos líderes religiosos vieron lo valientes y sabios- que eran estos hombres ordinarios sin estudios. Sabían que, si Pedro y Juan hacían más milagros, todos creerían en su verdad y dejarían de seguir a los líderes religiosos. Así que les dijeron a Pedro y a Juan que dejaran de hablar de Jesús.

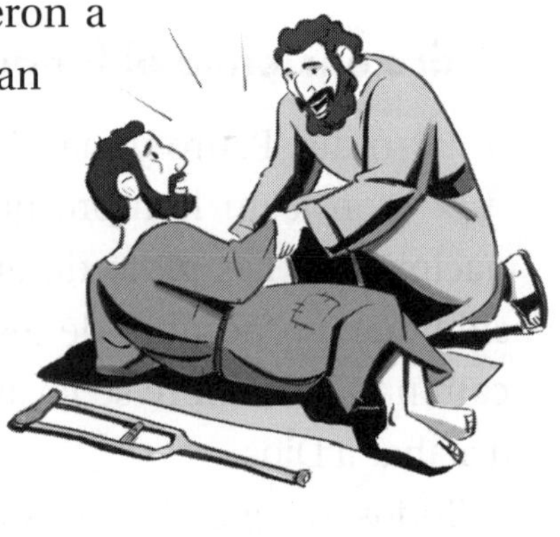

Pedro y Juan respondieron: "No hay forma. No podemos dejar de hablar de todo lo que hemos visto". Después de más amenazas, el Consejo los dejó ir.

La iglesia alabó a Dios al escuchar la historia de Pedro y Juan. Mientras oraban, la sala temblaba y la gente se llenaba del Espíritu Santo. La gente comparte sus posesiones para que nadie pasara necesidad, incluido un hombre llamado Bernabé, que vendió un campo de su propiedad para poder dar el dinero a los apóstoles.

Mientras el Espíritu Santo le decía a la gente que compartiera, Satanás les decía a otros que hicieran trampa. Un matrimonio llamado Ananías y Safira también vendieron unas tierras que tenían, pero se quedaron con parte del dinero. Cuando mintieron sobre el dinero, Dios los fulminó. Dios no quería que ningún pecado se colara en la iglesia.

Mientras Pedro y los apóstoles sanaban a mucha gente en Jerusalén, los sumos sacerdotes se pusieron celosos y los hicieron arrestar a todos. Pero durante la noche, un ángel abrió las puertas de la cárcel y los sacó. El ángel les dijo que fueran al templo y le dijeran a la gente sobre Jesús.

El sumo sacerdote y todo el consejo pidieron que les trajeran a los apóstoles, pero nadie pudo encontrarlos en la cárcel. Alguien dijo: "¡Mira, están en el templo enseñando a todo el mundo!". De nuevo, los apóstoles fueron arrestados y llevados ante el sumo sacerdote.

Los apóstoles se negaron a escuchar a estos hombres. "Solo podemos obedecer a Dios, no a ustedes. Este mensaje de perdón de los pecados es demasiado importante". Al principio, los líderes judíos querían matarlos, pero después de hablar entre ellos, decidieron que los azotasen y los despidiesen, diciéndoles que no hablen de Jesús.

Los apóstoles se alegraron de poder sufrir como Jesús, y volvieron al templo, enseñando y hablando de la buena noticia de que Jesús había venido a salvarlos.

Esteban ve a Jesús en el cielo (HECHOS 6–7)

A medida que aumentaba el número de seguidores de Jesús, incluidos los sacerdotes, los apóstoles tenían cada vez más trabajo. No solo predicaban, sino que también repartían comida a las viudas todos los días. Decidieron elegir diáconos, llenos de Espíritu y sabiduría, para repartir la comida. Se eligieron siete diáconos, entre ellos Esteban y Felipe.

Especialmente, Esteban realizó grandes maravillas y señales. Mostró la gracia y el poder de Dios, y cuando sus críticos empezaron a discutir con él, no pudieron ganar debido a su sabiduría. Así que encontraron a algunos hombres para presentar falsas acusaciones contra él. Cuando llevaron a Esteban ante el consejo, su rostro era como el de un ángel.

Les dijo a los líderes judíos la historia de la Biblia, desde Abraham hasta José y de Moisés hasta David. Esteban dijo que la gente siempre se ha opuesto a Dios, y estos fariseos no eran diferentes. Siempre han sido tercos, desalmados y sordos, asesinando a gente buena todo el tiempo.

Esto les enfadó mucho y les hizo rechinar los dientes. Mientras levantaban piedras, Esteban miró al cielo y vio a Jesús a la derecha de Dios. Sus enemigos se taparon los oídos, se abalanzaron sobre él y lo arrastraron fuera de la ciudad, lanzándole piedras y matándolo.

Un hombre llamado Saulo se puso al lado, aprobando lo que veía.

Saulo, también conocido como Pablo, comenzó a disolver iglesias y a arrastrar a sus líderes a la cárcel. Se convirtió en un gran problema, por lo que muchos creyentes huyeron de Jerusalén a otras partes de Israel, Asia y alrededor del mundo.

La partida de Felipe (HECHOS 8)

Felipe, otro de los diáconos, fue a Samaria y predicó allí sobre Jesús. Hizo señales, expulsó demonios y sanó enfermedades, y la gente se alegró mucho. Un hechicero llamado Simón siguió a Felipe, y hasta él creyó y se bautizó.

Pedro y Juan visitaron Samaria después de escuchar las noticias de que otras personas estaban recibiendo a Jesús. Pusieron sus manos sobre la gente para ayudarles a recibir el Espíritu Santo. Simón el hechicero quería pagar a Pedro y a Juan por sus poderes. Pedro lo regañó, diciendo que el dinero no puede comprar el poder de Dios, ¡así que arrepiéntanse!

Un ángel envió a Felipe por el camino a encontrarse con un oficial de Etiopía encargado del tesoro de la reina. Estaba en un carro, leyendo el libro de Isaías.

Felipe le preguntó si entendía lo que decía.

"¿Cómo voy a entenderlo?", dijo el etíope, "a menos que alguien lo explique".

Felipe le explicó alegremente sobre Isaías y las profecías que señalaban a un Mesías que venía a cumplir esas profecías y a salvar a todas las personas. El etíope creyó y Felipe lo bautizó. Luego el Espíritu Santo se llevó a Felipe y lo puso en una ciudad llamada Azoto, donde siguió predicando la buena nueva.

> Muchos creen que este etíope ayudó a llevar el evangelio a África.

Saulo ve la luz (HECHOS 9)

Saulo iba de iglesia en iglesia, amenazando con matar a cualquiera que creyera en Jesús. Se dirigió a Damasco para encontrar más creyentes y encarcelarlos. En el camino, una luz brillante brilló desde el cielo, y la voz de Jesús dijo: "Saulo, ¿por qué me persigues?". Saulo reconoció a Jesús como Señor, y Jesús le dijo: "Levántate y vete a Damasco".

Saulo se quedó ciego. Durante tres días estuvo sentado en Damasco sin poder ver. Dios llamó a un hombre llamado Ananías para que encontrara a Saulo y orara por él. Él tenía miedo de Saulo, pero lo hizo de todos modos, y sanó la ceguera de Saulo. Saulo fue bautizado y pasó unos días con otros discípulos.

Saulo incluso comenzó a predicar, contando su historia. La gente estaba asombrada, recordándolo como alguien que destruía la iglesia, pero, ahora como alguien que plantaba iglesias. Sus enemigos lo querían muerto, pero los creyentes lo escondieron y lo ayudaron a escapar a Jerusalén. Bernabé lo llevó a los apóstoles, que lo vigilaban con cautela.

Pero Saulo sorprendió a todos, predicando sin miedo, debatiendo y escapando una vez más de la muerte. Con Saulo ahora del lado de la iglesia, la iglesia estaba en pazy comenzó a crecer.

El sueño de Pedro sobre un animal (HECHOS 10–12)

Pedro viajó por todo el país a lugares como Lida y Jope. Sanó a un paralítico llamado Eneas. Resucitó a una mujer muerta llamada Tabita (también conocida como Dorcas). La gente creía en Dios gracias a estos milagros.

Mientras Pedro se quedaba en casa de un tipo llamado Simón, Cornelio, un centurión romano y creyente en Dios, estaba en Cesárea y oyó que un ángel le decía que fuera a Jope a buscar a Pedro. Al mismo tiempo, Pedro tuvo una visión de una sábana que bajaba del cielo, llena de animales, muchos de ellos impuros para la dieta judía. Entonces oyó una voz que decía: "Levántate, mata y come". Pedro protestó, pero Dios le dijo: "No llames impuro a lo que Dios ha llamado limpio".

En ese momento, la gente de Cornelio se presentó para llevar a Pedro a ver al centurión. Pedro le contó la visión a Cornelio y ahora entendía lo que significaba. Pedro tenía que llevar el evangelio a los no judíos (también conocidos como gentiles) como Cornelio. Tenía que dejar detener favoritos con los judíos. Pedro continuó diciendo a todos que él y otros apóstoles fueron testigos de este Jesús y de sus buenas obras de sanidad y poder. Lo vieron muerto en una cruz, y luego Dios lo resucitó de entre los muertos al tercer día. Este Jesús es nuestro juez y el prometido del que hablaron los profetas. Mientras Pedro hablaba, el Espíritu Santo entró en los corazones de todos los que escuchaban. ¡Hablaron y alabaron a Dios!

La persecución de Esteban empujó a la iglesia a muchas naciones.

En Jerusalén, la iglesia envió a Bernabé a Antioquía. Era una buena persona, llena de fe. Bernabé fue a Tarso para encontrar a Saúl y llevarlo a Antioquía. Es el primer lugar donde los creyentes fueron llamados cristianos.

El rey Herodes arrestó a los líderes de la iglesia, haciendo que Santiago (el hermano de Juan) muriera por la espada. Viendo que esto les gustaba a los judíos, Herodes hizo arrestar a Pedro. La iglesia comenzó a orar por Pedro. La noche antes de su juicio, Pedro, rodeado de guardias y atado con cadenas, fue despertado por un ángel y le dijo que lo siguiera. Las cadenas se cayeron y Pedro salió de la prisión. Nadie se despertó al abrirse las puertas.

Pedro fue a la casa donde estaban orando, pero nadie creyó que fuera él. Siguió llamando, y cuando lo reconocieron, lo acogieron.

Herodes mandó matar a todos los guardias por ser tan descuidados. Más tarde, se dirigió al pueblo y éste gritó: "¡Esta es la voz de Dios, no de un hombre!". Como Herodes no alabó a Dios, murió. La palabra de Dios se extendió a los corazones de más y más personas.

El primer viaje misionero de Pablo (HECHOS 13-14)

El Espíritu Santo les dijo a los líderes de la iglesia de Antioquía que enviaran a Pablo y a Bernabé para hacer llegar el mensaje de Jesús a la gente. Los líderes oraron por ellos y los enviaron, acompañados por un tipo llamado Juan Marcos.

Visitaron Seleucia, Chipre, Salamina y luego Pafos. Allí se encontraron con un hechicero judío y falso profeta llamado Elimas, que trabajaba para Sergio Paulo.

Elimas trató de impedir que hablaran con Sergio Paulo, por lo que Pablo lo llamó hijo del diablo, y el hechicero quedó ciego.

Sergio Paulo lo vio y creyó en Dios.

Pablo y Bernabé viajaron a Perga, donde Juan Marcos los dejó de repente. Luego fueron a Antioquía de Pisidia, donde hablaron en una sinagoga.

La primera persona resgistrada en la Biblia que Pablo llevó a Jesús se llamaba Sergio Paulo, un gentil y gobernador romano.
Elimas quedó ciego como Pablo había sigo cegado en el camino a Damasco.

Pablo contó una historia detallada de los judíos, de Juan el Bautista y del mensaje de perdón ofrecido a través de la muerte y resurrección de Jesús. Muchos judíos siguieron a Pablo y a Bernabé, queriendo escuchar más. Otros judíos estaban celosos de la atención que recibían y discutían con ellos.

La palabra del Señor se extendió por todo el país. Los líderes judíos provocaron problemas y persiguieron a Pablo y Bernabé. Pero Pablo y Bernabé se levantaron y partieron, llenos de alegría y del Espíritu Santo.

En la ciudad de Iconio, Pablo y Bernabé fueron a la sinagoga local, pero sus enemigos crearon falsos rumores y división, conspirando para matarlos. Escaparon a las ciudades de Listra y Derbe.

Pablo curó a un hombre que no podía caminar al igual que Pedro había curado a un hombre que no podía caminar.

En Listra, Pablo curó a un

hombre que no podía caminar, y la gente pensó que sus dioses de Zeus y Hermes habían llegado.

Pabló gritó: "Somos gente como ustedes. Déjenme decirles sobre el verdadero Dios". Judíos rebeldes de otras ciudades convencieron a la multitud para que odiara a Pablo y Bernabé, por lo que lanzaron piedras a Pablo. Pensando que estaba muerto, lo arrastraron fuera de la ciudad. Pero cuando los discípulos se reunieron a su alrededor, Pablo se levantó y volvió a la ciudad.

Al día siguiente, Pablo y Bernabé volvieron a Derbe. Muchos escucharon el evangelio y entregaron sus vidas a Jesús. Visitaron las ciudades en las que ya habían estado, para chequear cómo estaban los creyentes. Llegaron de nuevo a Antioquía, donde empezaron, y le dijeron a todo el mundo lo asombroso del viaje, especialmente cómo Dios había abierto la puerta de la fe a los gentiles. La iglesia se alegró.

Gran conferencia en Jerusalén (HECHOS 15)

Mucha gente de aquella época creía que una persona tenía que hacerse judía para convertirse en cristiana. Pidieron a Pablo y a Bernabé que resolvieran la discusión. Varios apóstoles y líderes de la iglesia se reunieron para discutir el tema en Jerusalén. Todos estaban muy contentos de que los no judíos (gentiles) entregaran sus vidas a Cristo.

Hablaban de la gracia de Dios que permitía a la gente salvarse, y no era añadiendo ningún trabajo o esfuerzo extra.

¿Por qué todos querían hacer la salvación tan difícil?

Al final, estuvieron de acuerdo en que estos gentiles necesitaban alejarse de ciertas cosas después de ser salvados para mostrar que Dios había cambiado sus corazones. Escribieron una carta a todas las iglesias.

Parece triste que los amigos se separarán por una discusión, pero sabemos por las cartas de Pablo que seguían siendo amigos. De hecho, este desacuerdo creó dos equipos que salieron a difundir el evangelio.

Pablo y Bernabé fueron a Antioquía para entregar la carta. La gente la leyó y les encantó su mensaje alentador. En Antioquía, Pablo y Bernabé decidieron emprender un segundo viaje misionero. Tuvieron una acalorada discusión sobre

Juan Marcos, el hombre que los abandonó repentinamente en su primer viaje. Pablo no se fiaba de él. Bernabé quería darle una segunda oportunidad. Así que se separaron: Bernabé y Juan Marcos (también llamado Marcos) se embarcaron hacia Chipre, mientras que Pablo y un hombre llamado Silas iniciaron un segundo viaje misionero.

El segundo viaje misionero de Pablo

(HECHOS 16-18:22)

Pablo y Silas fueron a Derbe y luego a Listra, donde vivía un discípulo llamado Timoteo. A mucha gente le agradaba y a Pablo también, así que Timoteo se unió a ellos. Animaron a las Iglesias y transmitieron la decisión tomada en Jerusalén.

Pablo, escribiría más tarde dos cartas a Timoteo, a quien envió a Corinto y Tesalónica. Más tarde, Timoteo sería el pastor de la iglesia de Éfeso.

Pablo recibió una visión de un hombre que le decía que fuera a Macedonia (hoy Grecia). Viajaron por regiones como Frigia, Galacia, Troas, Samotracia, Neápolis y Filipos, una gran ciudad de Macedonia. Se reunieron con mujeres en un lugar de oración y le hablaron de Jesús a Lidia, una mujer de negocios.

Una esclava tenía un espíritu adivinación empezó a seguir a Pablo y a molestarle. Pablo ordenó al espíritu maligno que saliera de ella y lo hizo. Los dueños de la esclava no podían seguir ganando dinero con su labor de adivinación, así que organizaron una muchedumbre que testificara en contra de Pablo y sus misioneros. Las autoridades locales hicieron que Pablo y sus compañeros fueran azotados y golpeados, y luego metidos en la cárcel.

A medianoche, mientras Pablo y Silas oraban y cantaban himnos en la cárcel, un violento terremoto abrió las puertas de la prisión. El carcelero se despertó y temió que lo mataran, pensando que los prisioneros se habían escapado. “Estamos todos aquí”, gritó Pablo. El carcelero les dio las gracias y luego preguntó cómo ser salvo. “Cree en Jesús”, le dijo Pablo. Lo hizo y llevó a Pablo a su casa para que su familia se salvara también.

Pablo hizo que los funcionarios locales se disculparan por golpearles y meterles en la cárcel sin juicio previo. Los funcionarios se disculparon y permitieron que Pabloy Silas salieran de la cárcel. Fueron a la casa de Lidia para descansar y animar a los nuevos creyentes.

Sus viajes los llevaron por Anfípolis, Apolonia y luego Tesalónica, otra ciudad de Grecia. Como de costumbre, Pablo fue a la sinagoga judía local y habló de las Escrituras sobre el Mesías. Les mostró cómo Jesús cumplía todas las promesas del Antiguo Testamento. Muchos judíos y griegos, especialmente mujeres, creyeron.

Otros judíos estaban celosos de que tantos abandonaran su fe, así que formaron una muchedumbre para buscar a Pablo y a Silas, quienes en ese momento habían escapado a otra ciudad de Grecia llamada Berea.

Los bereanos eran personas más inteligentes y realmente escuchaban lo que Pablo decía. Estudiaron y examinaron las Escrituras. Muchos creyeron. Entonces esos judíos enojados de Tesalónica se enteraron dónde estaban Pablo y Silas, y enviaron otra muchedumbre enojada para atacarlos. Pablo se fue a Atenas, mientras Silas y Timoteo se quedaron en Berea.

Las calles de Atenas estaban llenas de lugares para adorar a los ídolos. Pablo habló y debatió con judíos y griegos. Un grupo de filósofos tenía curiosidad por su mensaje y lo llevó al Areópago para una conferencia. Pablo dijo que podía decir que se trataba de gente muy religiosa, que adoraba muchas cosas, incluido un dios desconocido. Entonces les dijo sobre el Dios que él conocía, Jesús, a quien Dios había resucitado de entre los muertos.

Pablo se cortó el pelo en Cencrea, aparentemente cumpliendo un voto nazareo hecho en Corinto.

Cuando Pablo les dijo lo de la resurrección, algunos pensaron que estaba loco y se burlaron de él. Pero otros se hicieron seguidores de Pablo y creyeron.

Pablo dejó Atenas y fue a Corinto, en el sur de Grecia. Conoció a un hombre llamado Aquila y a su esposa, Priscila. Al igual que Pablo, se ganaban la vida haciendo tiendas de campaña y trabajaban juntos. Cada semana, Pablo hablaba en la sinagoga, tratando de persuadir a judíos y griegos para que creyeran en Jesús. Muchos se convirtieron en creyentes, incluido Crispo, el líder de la sinagoga, y toda su familia.

Silas y Timoteo se reunieron con Pablo en Corinto.

Pero las multitudes se volvieron abusivas. Pablo quería irse, pero en una visión, oyó al Señor decirle que se quedara a predicar. Pablo terminó quedándose un año y medio, a pesar de la oposición.

Pablo se embarcó hacia Siria con Priscila y Aquila. Se detuvieron en Éfeso, donde Priscila y Aquila se quedaron. Pablo navegó hasta Cesarea y finalmente a Jerusalén y de vuelta a Antioquía, donde terminó su segundo viaje misionero.

El tercer viaje misionero de Pablo

(HECHOS 18:23-20:38)

Pablo pasó un tiempo en Antioquía y luego emprendió su tercer viaje misionero, a Galacia y Frigia.

En Éfeso, llegó un hombre llamado Apolos. Conocía las Escrituras, e incluso enseñaba con precisión sobre Jesús, pero no sabía sobre el Espíritu Santo.

Priscila y Aquila le enseñaron cosas que no sabía. Apolo refutaba de forma muy vigorosa los debates acerca de Jesús. Pablo llegó a Éfeso y también enseñó sobre el bautismo del Espíritu Santo. Muchos creyeron y recibieron el Espíritu Santo. Habló y discutió sobre el reino de Dios en la sinagoga local y en una sala de conferencias durante dos años. Muchos milagros extraordinarios ocurrieron a través de Pablo, sanidades y espíritus malignos saliendo de la gente.

Algunos judíos intentaron expulsar demonios como

lo hizo Pablo, pero tristemente fracasaron. Los demonios los avergonzaron. Muchos se asustaron, incluidos los hechiceros que quemaron sus costosos rollos que les mostraban cómo practicar la hechicería. La gente de Éfeso adoraba a la diosa Artemisa, y ganaban dinero haciendo pequeños ídolos, pero habían empezado a perder dinero porque muchos creían en Jesús. Un platero llamado Demetrio inició disturbios en Éfeso; la gente gritaba: "¡Grande es Artemisa!". Pablo quería hablar a la multitud, pero sus amigos no creían que fuera seguro. El secretario de la ciudad le dijo a la multitud que lo hiciera pacíficamente y que presentara cargos contra Pablo y sus acompañantes. Como Pablo realmente no hizo nada malo, la multitud se fue.

El nombre de Eutico significa "afortunado", y tuvo la suerte de que Pablo fuera el orador invitado ese domingo.

Pablo salió de Éfeso y viajó a Macedonia, Grecia y Troas con muchos de sus seguidores de mayor confianza. En Troas, Pablo habló hasta altas horas de la noche. Un hombre llamado Eutico estaba sentado en una ventana escuchando, pero se quedó dormido y cayó por la ventana hasta morir.

Pablo se arrojó sobre Eutico y le devolvió la vida. Pablo quería volver a Jerusalén y luego dirigirse a Roma. Todos sabían que, si iba a Jerusalén, sería arrestado por los líderes religiosos judíos, pero él parecía estar de acuerdo con eso. Pablo reunió a muchos de sus fieles seguidores y se despidió, diciendo que su vida no significaba nada para él; todo lo que quería era terminar esta carrera y completar el servicio que Jesús le había encomendado: ¡decir a todos las buenas noticias! Pablo sabía que no volvería a ver a ninguna de estas personas.

Después de su discurso de despedida, muchos lloraron y oraron por él. Pablo se alejó hacia Jerusalén. En el camino, se detuvo en muchos puertos. Muchos de los discípulos de Pablo se reunieron con él y trataron de impedir que fuera a Jerusalén, sabiendo que sería arrestado y entregado a los romanos. Pablo solo dijo: "Que se haga la voluntad del Señor".

El arresto de Pablo (HECHOS 21-26)

Muchas personas saludaron calurosamente a Pablo y a sus amigos cuando llegaron a Jerusalén incluido Santiago. Se enteraron de todas las personas, judías y no judías, que recibieron a Jesús.

Esa alegría se convirtió en caos cuando los enemigos de Pablo lo vieron en la ciudad y agitaron a la multitud contra él. Agarraron a Pablo, lo golpearon y estaban dispuestos a matarlo a pedradas cuando un ejército romano intervino y lo salvó. Los romanos lo encadenaron y lo llevaron a la cárcel hasta que pudieron averiguar qué estaba pasando.

Pablo pidió hablar a la multitud. Les contó sus antecedentes como un no creyente que atacó a la iglesia, y

luego les dijo sobre su increíble encuentro con Jesús en el camino a Damasco que cambió su vida. Dijo que el Señor le dio una misión a los gentiles.

La multitud se volvió loca y quería que muriera. El comandante romano ordenó que azoten a Pablo, pero se echó atrás porque Pablo le dijo al centurión que era un ciudadano romano, y los ciudadanos romanos no eran tratados así.

Llevaron a Pablo al Consejo, formado por saduceos, fariseos y el sumo sacerdote. Pablo era inteligente. Sabía que los saduceos no creían en la resurrección, así que les dijo acerca de la resurrección, provocando una gran discusión. Se puso tan violenta que los romanos se llevaron a Pablo a un lugar seguro. El Señor se le apareció a Pablo esa noche y lo animó a ir a Roma.

Un sobrino de Pablo reveló un complot para matarlo. Como Pablo era un ciudadano romano, el comandante romano ordenó a sus soldados que llevaran a Pablo a Cesarea, la capital del gobierno romano de Israel. Salieron de noche con más de cuatrocientos soldados custodiando a Pablo. El gobernador, Félix, ordenó que Pablo fuera detenido para ser juzgado. El sumo sacerdote, Ananías, algunos ancianos y un abogado viajaron a Cesarea y presentaron cargos falsos contra Pablo.

Pablo se defendió y le dijo su historia a Félix. Félix retrasó el fallo y mantuvo a Pablo en prisión durante más de dos años. El gobernador Festo sustituyó a Félix y dejó a Pablo en prisión.

Los líderes religiosos judíos presentaron más cargos a Festo contra Pablo. Pablo volvió a defenderse. Entonces pidió hablar con el César, el principal dirigente de toda Roma. Era un derecho que tenía un ciudadano romano para presentar su caso al César. Festo accedió.

El rey Herodes Agripa (el último de los Herodes que se autodenominó rey) llegó a Cesarea para ver a Festo. Agripa había oído hablar de Pablo y quería conocerlo. Pablo le habló a Agripa con respeto y le dijo su testimonio de ser un fariseo que había atacado a la iglesia, luego había conocido a Jesús y ahora estaba predicando acerca de Él en todas partes. Festo le dijo a Pablo que estaba loco. Pablo trató de convencer a Agripa y a Festo de que se hicieran cristianos. Ellos se negaron, pero no encontraron ninguna razón para presentar cargos contra Pablo. Si Pablo no hubiera pedido un juicio ante el César, lo habrían dejado ir. Pero ese no era el plan de Dios.

El cuarto y último viaje misionero de Pablo

(HECHOS 27-28)

Pablo partió hacia Italia para ponerse a prueba ante el César. Subieron a un barco otros prisioneros y se detuvieron en varios puertos a lo largo del camino. Julio, el centurión romano encargado de llevarlos a todos hasta allí, apreciaba a Pablo y le permitió obtener provisiones de sus amigos para el viaje a Roma.

Los vientos dificultaban la navegación de los barcos por el Mediterráneo. Pablo, un viajero experimentado, trató de decirle al centurión que tuviera cuidado o perderían el barco y la carga. El centurión no le hizo caso. Mientras navegaban por la isla de Creta, frente a la costa de Grecia, una tormenta con fuerza de huracán les golpeó. No pudieron asegurar el barco con un ancla y empezaron a tirar la carga por la borda.

Un ángel visitó a Pablo y le dijo que tuviera fe; que estaría en juicio ante el emperador. El ángel les dijo que hundieran el barco para que todos se salvaran. Catorce noches después, la tripulación estrelló el barco contra la costa. Las 276 personas a bordo estaban a salvo. Normalmente los guardias mataban a los prisioneros cuando había un naufragio, pero el centurión estaba agradecido por el liderazgo de Pablo y les perdonó la vida a todos.

Nadaron hasta la orilla de una isla que descubrieron que se llamaba Malta. Los isleños les saludaron amablemente y encendieron una hoguera para todos los que sobrevivieron al naufragio.

Pablo estaba recogiendo leña para el fuego cuando una serpiente saltó y le mordió. Los isleños vieron la serpiente colgando de la mano de Pablo. Creían que sus dioses habían juzgado a Pablo por un crimen al permitir que esto sucediera, pero cuando Pablo no mostró efectos secundarios, cambiaron de opinión y pensaron que era un dios.

El funcionario principal de la isla, Publio, también les dio la bienvenida. Su padre estaba muy enfermo en la cama con fiebre. Pablo oró por él y el hombre se sanó. Los isleños sacaron a sus propios familiares enfermos, y todos ellos también se sanaron.

Tres meses después, prepararon un barco y navegaron hasta Roma. En Roma, Pablo vivió arrestado en una casa con un soldado vigilando las 24 horas.

Pablo pidió a los líderes judíos locales que se reunieran con él. Les contó su asombrosa historia de encuentro con Jesús y los cuatro viajes que hizo para decir a otros la buenas nuevas.

Un gran número de personas se presentó en la casa de Pablo, y él les explicó sobre el reino de Dios, la ley de Moisés y los profetas, todo para convencerlos de que Jesús era el Dios y el Mesías que todos habían esperado ver. Algunos creyeron, pero otros no.

Durante dos años, Pablo permaneció en aquella casa alquilada y acogió a todos los que venían a verle. Proclamó las buenas nuevas y enseñó sobre Jesús con valentía.

¿CUÁLES SON LAS IDEAS PRINCIPALES EN ESTE CAPÍTULO?

- Aunque el asesinato de Esteban fue algo malo, provocó la
- Difusión del evangelio por todo el mundo. Los cristianos se sintieron cómodos donde vivían, así que Dios los envió para Asia, África y Europa.
- Jesús les dijo correctamente al principio de los Hechos que serían sus testigos en Jerusalén, Judea y Samaria, y hasta los confines del mundo. Hechos recoge la expansión del cristianismo a todos esos lugares.
- Pablo haría cualquier cosa para decirle a la gente sobre Jesús.
- Arriesgó su vida una y otra vez para decir a otros su experiencia. ¿Qué estás dispuesto a hacer tú?

Palabra Final

El libro de los Hechos termina sin decir si Pablo vio alguna vez al César, el poderoso líder de Roma. Dado que un ángel le dijo a Pablo dos veces que se pondría ante el César, suponemos que lo hizo. Tampoco hay ninguna indicación de que el líder romano de la época, Nerón, haya dado su vida a Jesús. De hecho, Nerón era un tipo realmente malo, pero Dios obviamente quería darle la oportunidad de escuchar sobre Jesús.

Aunque Pablo vivió muchos de sus últimos años encadenado, nadie podía encadenar el evangelio. Pablo escribió muchas cartas a las iglesias y a los pastores para animarlos, como, por ejemplo:

- Romanos
- 1 y 2 Corintios
- Gálatas
- Efesios

- Filipenses
- Colosenses
- 1 y 2 Tesalonicenses
- 1 y 2 Timoteo
- Tito
- Filemón

Otros escritores también escribieron cartas que circularon por las iglesias, como:

- Hebreos (no se sabe quién fue el autor)
- Santiago (medio hermano de Jesús)
- 1 y 2 Pedro (el apóstol Pedro)
- 1, 2, 3 Juan (el apóstol Juan)
- Judas (se llamaba a sí mismo hermano de Santiago)

El último libro de la Biblia, el Apocalipsis, fue escrito por el apóstol Juan mientras estaba en prisión en una isla llamada Patmos. Dios le mostró una serie de visiones y pistas sobre el fin del mundo. El propósito del libro era mostrar que Dios tiene toda la historia, pasado, presente y futuro, en sus manos y que, al final, Dios gana la batalla sobre el mal.

Jesús prometió que volvería a la tierra algún día, y que reuniría a todos los creyentes para estar con él en el cielo.

Todo aquel que crea en Jesús y le entregue su vida será resucitado de entre los muertos, como Jesús, para vivir en un hermoso hogar eterno con Dios Padre y Jesús presentes ante sus ojos.

¿Serás tú?

El Dr. William H. Marty enseñó en el Instituto Bíblico Moody durante cuarenta años, centrándose principalmente en el estudio del Antiguo y Nuevo Testamento. El fruto de su enfoque se publicó en *Relatos de Historias Bíblicas para la Familia,* un estudio conciso del plan de redención de Dios. El Dr. Marty también es autor de *The World of Jesus,* un estudio de los cuatrocientos años entre el Antiguo y Nuevo Testamento; *The Jesus Story* ; y coautor de *A Quick-Start Guide to the Whole Bible.* Sus dos publicaciones recientes, *102 Fascinating Bible Studies* and *Fascinating Bible Studies on Every Parable,* proporcionan una gran cantidad de estudios bíblicos de alta calidad para individuos y grupos pequeños. El Dr. Marty y su esposa, Linda, viven en Colorado cerca de sus nietos.